NEM SAPO, NEM PRINCESA

Blucher

NEM SAPO, NEM PRINCESA

Terror e fascínio pelo feminino

Cassandra Pereira França

Nem sapo, nem princesa: terror e fascínio pelo feminino
© 2017 Cassandra Pereira França
Editora Edgard Blücher Ltda.

Copidesque Marlene Fraga
Preparação de texto Ana Maria Fiorini
Revisão de texto Carla Raiter

Blucher

Rua Pedroso Alvarenga, 1245, 4º andar
04531-934 – São Paulo – SP – Brasil
Tel.: 55 11 3078-5366
contato@blucher.com.br
www.blucher.com.br

Segundo o Novo Acordo Ortográfico,
conforme 5. ed. do *Vocabulário
Ortográfico da Língua Portuguesa*,
Academia Brasileira de Letras, março
de 2009.

É proibida a reprodução total ou parcial
por quaisquer meios sem autorização
escrita da editora.

Todos os direitos reservados pela
editora Edgard Blücher Ltda.

Dados Internacionais de Catalogação na Publicação (CIP)
Angélica Ilacqua CRB-8/7057

França, Cassandra Pereira

Nem sapo, nem princesa : terror e
fascínio pelo feminino / Cassandra Pereira
França. – São Paulo : Blucher, 2017.
192 p. : il. color.

Bibliografia
ISBN 978-85-212-1204-1

1. Psicanálise 2. Psicanálise infantil
3. Identidade de gênero – Crianças 4.
Psicanálise e feminismo I. Título.

17-0708	CDD 150.195

Índice para catálogo sistemático:
1. Psicanálise

A Silvia Bleichmar, minha gratidão, não apenas pela escuta e pelo estímulo à publicação deste historial clínico, mas, sobretudo, pelo encantamento e pela coragem com que suas palavras insuflam o meu desejo de que a psicanálise possa participar do debate das questões éticas de nosso tempo.

Agradecimentos

A Renato Mezan, pela companhia como leitor e crítico dessa narrativa de escuta clínica, sistematizada como pesquisa de pós-doutorado, realizada sob sua orientação na Pontifícia Universidade Católica de São Paulo.

A Miriam Chnaiderman, por ter assegurado, com veemência, quão importante seria para o avanço dos estudos psicanalíticos brasileiros sobre as questões de gênero, a publicação de um material tão rico e raro na historiografia psicanalítica.

A Flávio Ferraz, por apostar na força desta escrita, e pelo seu jeito arrojado de incentivar propostas inovadoras.

A Susana Toporosi, alma irmã, que encontrei em terras portenhas e que comigo partilha da paixão tanto pela clínica de crianças e adolescentes quanto pela obra de Silvia Bleichmar.

A Cristina Perdomo e Alicia Brasileiro, que viabilizaram nossa participação nos "Seminários sobre Sexualidade Infantil: de Hans a John/Joan", ministrados por Silvia Bleichmar; e a Maria Teresa

8 AGRADECIMENTOS

de Melo Carvalho e Riva Satovschi Schwartzman, companheiras dessas viagens que foram embaladas pelo entusiasmo com os ensinamentos que recebíamos.

A Eliane Kogut, pela sua generosidade em partilhar comigo sua experiência clínica com os *crossdressers*.

A Carlos Schenquerman, pelo respeito e carinho com que continua recebendo meu interesse pela obra de nossa querida Silvia.

A Teresa Rocha Leite Haudenschild, que, com muita sensibilidade, supervisionou o material clínico na época dos atendimentos.

Ao pai desse paciente, por ter me procurado, depois de tudo e de modo tão especial, para me pedir este estudo.

Apresentação

Renato Mezan[1]

Tecendo uma pele psíquica

Entre os escritos psicanalíticos, o caso clínico é o que mais exige do autor: discernimento para extrair de um longo trabalho o material relevante, amplo conhecimento da teoria que fundamenta suas intervenções, coragem para falar da contratransferência e dos eventuais erros de interpretação em que ela o fez incorrer, e – *last but not least* – domínio da técnica narrativa para expor de modo convincente o que se tem a dizer. Se uma obra mais teórica pode ser comparada a uma sinfonia – desenvolvendo, contrapondo e modulando os conceitos/temas em movimentos contrastantes –, o relato de caso corresponde ao quarteto de cordas: poucas vozes/timbres e estrutura complexa, porém enxuta, apresentada no modo mais intimista de uma peça de câmara.

---

1 Psicanalista, professor titular da Pontifícia Universidade Católica de São Paulo (PUC-SP) e membro do Departamento de Psicanálise do Instituto Sedes Sapientae.

10 APRESENTAÇÃO

O livro que o leitor tem em mãos ilustra brilhantemente o que se pode realizar nesse gênero. Alarmados com o choro compulsivo e com os comportamentos femininos de B., então com pouco menos de cinco anos, seus pais procuram uma analista para que, "se ainda der tempo", reverta o que parecia estar levando a uma temida homossexualidade. Naturalmente, o projeto terapêutico de Cassandra Pereira França é bem diverso: ao longo de dois anos e 300 sessões, procura "escutar a singularidade fantasmática" do garoto, levando em conta o que percebe já nas entrevistas iniciais – ele está enredado num *double bind* composto pela combinação entre o desejo inamovível da mãe de ter uma filha e não um filho, a passividade do pai frente à esposa e a intenção consciente de ambos de que o menino abandone suas tendências "anormais".

Ilustrado por vinte desenhos, o relato evidencia o desespero de B. diante da incapacidade da mãe tanto para refrear seus próprios desejos quanto para conter e processar os dele. A angústia de desintegração o leva a submeter-se ao roteiro prescrito por ela, invasivamente atuado em inúmeras circunstâncias da vida real (inclusive impondo à análise um término brusco). É contra aquela angústia que o fascínio pelos adereços femininos, que beira o travestismo, revela seu sentido: uma defesa à qual ele se agarra para criar uma "pele psíquica", manifestando no concreto do corpo como precisa simultaneamente separar-se da e identificar-se com a mãe-vampira-aranha que é seu único refúgio contra o colapso no informe.

O paciente trabalho clínico de Cassandra vai permitindo a B. tomar contato com seu mundo interno, povoado por fantasmas sádicos de impressionante crueza e brutalidade. Como tantas crianças, ele encontra num desenho animado – essa versão atual dos contos de fada – um continente para organizar seu drama: o enredo e os personagens de *A Pequena Sereia* vêm então à boca de cena. Destaque, nesse momento, para Ariel, mulher paradoxal, dotada de um rabo/pênis, que representa as identificações ambíguas do próprio B., para a polva Úrsula, encarnação mais diferenciada e secundarizada da imago materna aterradora, e para o rei dos mares, que, na versão de B., vem salvar a filha dos tentáculos da bruxa.

Permeando o relato, encontramos exposições sucintas do pensamento de Melanie Klein, John Bowlby, Hélio Pellegrino, Didier Anzieu e Wilfred Bion, além de esclarecimentos sobre a natureza da inveja e os mitos das Parcas e da Medusa – o desta a propósito da castração, no qual Cassandra divisa uma defesa nova e mais evoluída contra os pavores que avassalam seu pequeno paciente. A eles, somam-se preciosas indicações técnicas para a análise de crianças e algumas reflexões sobre como poderia ter sido mais eficaz em certos momentos do trabalho.

Ao final do texto – originalmente um pós-doutorado na Pontifícia Universidade Católica de São Paulo (PUC-SP), cuja supervisão acadêmica tive o privilégio de compartilhar com a clínica de Silvia Bleichmar –, a autora é severa com a visão da identidade de gênero predominante entre os analistas. Isso não impede, porém, que ele demonstre, de forma cabal, a profundidade com que a psicanálise, quando manejada por uma profissional do seu quilate, permite compreender a sutileza do funcionamento psíquico, possibilitando melhorias decisivas no que dele pode ser mudado.

Nesses tempos em que tantos consideram a disciplina freudiana superada pelos "avanços da ciência", um livro como este nos faz ver que, como diz Freud em *O futuro de uma ilusão*, a voz da razão pode ser suave, mas tem boas chances de se fazer ouvir.

Prefácio

Miriam Chnaiderman[1]

A vida e nossa escuta: as sexualidades e os avatares de uma psicanalista

-1-

Gostaria de iniciar este prefácio citando o parágrafo final do último item do Capítulo 5, depois da entrevista em que Cassandra é comunicada de que o processo analítico seria interrompido: os pais haviam decidido que B., seu pequeno paciente, deveria prosseguir agora com outro terapeuta. Depois de falar do vandalismo de B., exasperado, Cassandra conta de um momento em que o pai via como a mesa e a sala estavam "seriamente riscadas". Assim escreve Cassandra:

> *Seu pai, ao ver aquela cena, lançou-me um olhar que eu jamais pude esquecer: um misto de culpa, tristeza, gratidão.*
> *Talvez tenha sido esse olhar terno, que me acompanhou por*

---

1 Psicanalista, membro do Departamento de Psicanálise do Instituto Sedes Sapientae, doutora em Artes e documentarista.

14 PREFÁCIO

tantos anos, o responsável por eu ter decidido que um dia, quando tivesse distância afetiva desse caso clínico, eu o transformaria num objeto de estudo que pudesse, indiretamente, ajudar outras crianças que, como B. e seu pai, foram precocemente castradas em seus processos de subjetivação e que, por isso mesmo, vagam pela vida, como nos diz Cecília Meireles, à procura de um desenho (p. 162).

Passadas quase três décadas, podemos agora ver como o trabalho com B. é permeado pelos desenhos feitos nas sessões. Cassandra se põe, com B., à procura de um desenho. E os desenhos são parte de seu corajoso relato, não como meras ilustrações do que relata, mas como importantes elementos para pensar sobre o processo de B. No início do trabalho, Cassandra relata:

chamava minha atenção a impossibilidade de esses desenhos terem vida própria, ou seja, participarem de algum tipo de dramatização. Fato que mostrava que ele era uma criança que vivia em nível bidimensional – não tinha profundidade psíquica! [...] No lugar do afeto, ele se agarrava a uma falsa pele estética composta de roupas e adornos (p. 87).

No decorrer do trabalho os desenhos vão ganhando vida, são importantes personagens. Sofisticam-se muito. É um privilégio poder acompanhar esse processo todo, no qual as identificações múltiplas vão conduzindo uma linda dança entre Cassandra e B. Como Cassandra fala, a análise vai abastecendo B. de possibilidades identificatórias (p. 87). Linda ideia para pensar todo e qualquer processo psicanalítico...

Publicar, em um livro, um caso clínico é um ato de coragem, pois, sempre que falamos de nossa clínica, falamos de nós mesmos. Expomos nossas dores e alegrias, nossas realizações e frustrações. Por isso, o que aqui temos é um precioso presente que

Cassandra Pereira França nos dá. A todos nós, psicanalistas e pensadores, interessados em uma clínica engajada no contemporâneo, interrogada pelas novas sexualidades, mas que não se perde do rigor e do paradigma proposto por Freud e desenvolvido por seus seguidores.

Expor um caso clínico pressupõe um trabalho necessário de ruptura entre a esfera do público e do privado. Mas a psicanálise sempre questionou dualismos estanques, pois sempre trabalhou com o paradoxo, com o conflito. Essa delicada tensão permeia a cuidadosa narrativa deste trabalho. Vamos nos embrenhando em teorias e nos fatos da clínica em um jogo que nos faz muitas vezes sentirmo-nos lendo um romance. Se pensarmos, em todo caso clínico, há o suspense entre a confirmação ou negação das hipóteses de trabalho, há como que uma novela de detetive, com percalços e alegrias. E a vida muitas vezes nos leva por caminhos inusitados. Assim, ao final desse relato de caso, Cassandra nos conta como conheceu, mais de vinte anos passados do atendimento de B., uma encantadora mulher em um evento social. Conversaram, trocaram telefones. Poucos meses depois, foi procurada como analista por um homem que revelou ser aquela mulher. Afirma Cassandra: "dei-me conta de que estava diante de um adulto que podia muito bem ter sido uma criança com um mundo fantasmático parecido com o de B." (p. 166). Não era um perverso, nem um psicótico. Era alguém bem-sucedido na vida, com capacidade de simbolização e uma vida normal, mas que tinha imenso prazer em se "montar" e aparecer como mulher. Foi quando decidiu revisitar as anotações e os desenhos de B. Segundo seu relato, "esse material ficou arquivado por quase três décadas". Haviam trezentas sessões registradas. Assim surgiu este livro. Esse fato, relatado ao final, cria uma suspensão em toda a narrativa. Como nas boas novelas policiais, é só ao final que podemos entender o que a movia desde o início. Por isso, escolhi

16 PREFÁCIO

chamar este prefácio de "A vida e nossa escuta – as sexualidades e os avatares de uma psicanalista".

-2-

B. é como Cassandra nomeia seu paciente... Nesse ato de nomear, algo do suspense se instaura. Cassandra preferiu não criar um nome fictício, como alguns psicanalistas fazem. Com isso, faz com que nós, leitores, tenhamos um distanciamento necessário e em nenhum momento descuidemos das cautelas que tal exposição requer. Não é uma historinha qualquer, trata-se da narrativa de um caso clínico. Mas a leveza da escrita, o suave imbricamento entre a prática e a teoria vão nos envolvendo... Vamos vivendo os impasses e interrogações junto com a cuidadosa psicanalista. O enigma que constitui o humano envolve escritor e leitor. Vamos acompanhando, passo a passo, essa viagem que é o mergulho em uma sexualidade conflitada, em um desejo que briga em um corpo sentido como limitante.

Cassandra, quando apresenta sua pesquisa teórico-clínica, fala do enorme preconceito que existe em relação à psicanálise, vista como ciência "moralista e preconceituosa, e que só poderia se interessar pela gênese da sexualidade para tentar perpetuar a lógica binária" (p. 24). Mas também fala do desconhecimento que psicanalistas podem ter dos "conteúdos estudados pelos cientistas sociais", ignorando muitas vezes "movimentos discriminatórios e preconceituosos". Cassandra cita Judith Butler, para quem "o corpo não sustenta uma verdade fundamental sobre a sexualidade". Afirma Cassandra:

> *por concordar com essa premissa e por reconhecer quão parco é nosso conhecimento sobre as identificações primárias, julgo ser muito importante estudar os primórdios da construção da identidade sexual (p. 26).*

Aqui, para mim, coloca-se importante questão: existe uma identidade sexual ou existem identificações múltiplas em permanente movimento de ressignificação do desejo?

Quando justifica ter optado por publicar esse riquíssimo material clínico, Cassandra confessa que

> *nem de longe foi uma decisão fácil, mas acabou sendo impulsionada pelo meu incômodo com a forma como a sexualidade tem sido vivenciada pelas pessoas no início do século XXI, quando então parece não haver mais espaço para a fantasia, uma vez que tudo tem de ser vivenciado no plano concreto (p. 30).*

Cassandra quer mostrar a "riqueza do mundo fantasmático" e consegue fazer isso. Mas é importante lembrar que hoje se nomeia e se dá espaço político para algo que sempre existiu. Rafael Cossi, no seu importante livro *Corpo em obra* (São Paulo: Ed. nVersos, 2011), conta que, na época da descoberta do Brasil, os índios transitavam livremente entre o masculino e o feminino. Também mostra como "esse trânsito está presente na mitologia. Relata também que algumas culturas vão além do trânsito entre os gêneros masculino e feminino, chegando até a instituir um terceiro gênero" (p. 28).

Foi exatamente a ideia de que haveria a necessidade do concreto, da mudança no real do corpo, que levou os psicanalistas, incluindo Lacan, a pensar que o transexual teria sempre uma estrutura psicótica. Seria sempre uma impossibilidade de simbolização.

Na sua clínica, Cassandra está absolutamente liberta dessas classificações e, de fato, mergulha no mundo fantasmático de B. E é isso que importa. Poder ter uma escuta livre e aberta, sem precisar enquadrar B. dentro de uma identidade sexual. Para Cassandra – é ela quem afirma –, "existem mais gêneros do que sexos".

Afirma: "escolhi como objeto de estudo a escuta detalhada da singularidade fantasmática de uma criança de 4 anos de idade, envolvida nas tramas da construção de sua identidade sexual" (p. 26).

18   PREFÁCIO

Se são tramas, são texturas, bordados, que nem sempre culminarão na construção de uma identidade sexual.

Aliás, não me parece que a utilização do termo "identidade de gênero" possa dar conta dessa problemática. O conceito de identidade de gênero foi cunhado por Stoller tendo como objetivo principal distinguir sexo (no sentido anatômico) da identidade (no sentido social ou psíquico). A questão é continuar pensando em termos de "identidade" e não em identificações múltiplas que ocorrem no decorrer da vida de todos nós. Judith Butler indaga-se: "o que pode então significar 'identidade', e o que alicerça a pressuposição de que as identidades são idênticas a si mesmas, persistentes ao longo do tempo, unificadas e internamente coerentes?" (*Problemas de gênero*. São Paulo: Martins Fontes, 2008, p. 37). Judith Butler desconstrói e apropria a noção de gênero, pois, para ela, "o núcleo" da identidade de gênero

> *implicaria numa concepção de homem e mulher como substâncias permanentes e, no entanto, para Butler, essas substâncias permanentes são pura ilusão, produção ficcional de uma coerência culturalmente estabelecida (apud Patrícia Porchat, Psicanálise e transexualismo, Curitiba: Juruá, 2014, p. 81).*

Cito aqui o brilhante ensaio de Thammy Ayouch:

> *A diferença entre os sexos age como princípio de um pensamento identitário, subordinando a sexualidade a uma sexuação imutável. Porém, na sua teorização tanto como na sua prática, a psicanálise pretende des-construir esta lógica identitária, dando ênfase a uma lógica da psique exatamente oposta. A identidade, categoria da metafísica clássica, remete ao caráter do que permanece: designa aquilo que fica idêntico a si mesmo no tempo. Os efeitos do inconsciente quebram esta ideia de uma ipseidade*

oriunda da continuidade da consciência no tempo. Contra a identidade, a plasticidade psíquica, numa abordagem psicanalítica, se inscreve em movimentos identificatórios. A identificação é sempre temporária e mutável: é definida por uma situação no tempo, uma história, uma finitude e uma atribuição vinda do outro. [...] Em termos metapsicológicos, quando se coloca a ênfase sobre a multiplicidade psíquica e as camadas de conflitos, sobre a pulsão e a dinâmica psíquica, não faz nenhum sentido falar em termos de categorias unificadas e enrijecidas de masculinidade e feminilidade e de diferença binária entre os sexos (p. 69, A diferença entre os sexos na teoria psicanalítica. Revista Brasileira de Psicanálise, v. 48, n. 4, p. 58-70, 2014).

Cassandra enfrenta esses desafios e mergulha no mundo fantasmático de B. Vai tentando entender as determinações, em sua história, que o levam a se travestir. Vai entrando em contato com um terrível imperativo materno que culminaria na interrupção do processo. Rigorosa, baseia-se em Melanie Klein e segue Renato Mezan para pensar a noção de fantasia inconsciente.

Indaga-se: "será que ainda vai dar tempo de liberar essa criança dessa imago materna, onipotente e castradora, permitindo assim que ela possa constituir a sua identidade psíquica, sexual, sem esse peso esmagador"? (p. 61).

No trabalho com B., os vários sexos são experienciados. As angústias de despedaçamento impediam a diferenciação entre as tópicas psíquicas. Por isso, Cassandra mergulha nos desenhos, vai tateando e reconhecendo acertos e erros. Algo de extrema coragem e tão raro em nosso mundo psicanalítico.

20 PREFÁCIO

Em todo seu relato, o reconhecimento de quão difícil é se desprender do binarismo de gênero e/ou da angústia dos pais diante de um filho que rebola como uma sereia... Quão difícil é suportar na escuta e observação lúdica uma sexualidade que não se enquadra nos parâmetros do que nossa cultura determinou como o masculino e/ou o feminino.

Afinal, como diz Freud, citado por Cassandra, é sempre difícil entender as escolhas que norteiam a sexualidade. Que sempre será múltipla e disruptora. Só uma escuta aberta e que se trabalhe para uma abertura radical e questionadora poderá dar conta dessa dificuldade. É o que Cassandra nos mostra. Muito obrigada, Cassandra, por dividir conosco essas angústias e questões que são de todos nós, psicanalistas do século XXI.

Conteúdo

Introdução	23
1. Determinismos parentais	33
2. Os primórdios da inveja	65
3. O terror à mãe vampírica	93
4. O canto da sereia	123
5. Ensaios edipianos: nem príncipe, nem princesa	137
6. Redesenhando possíveis aberturas teóricas	163
Referências	181
Índice de figuras	191

Introdução

A pesquisa teórico/clínica

A clínica infantil prima por ser uma das modalidades psicoterápicas mais instigantes, não apenas pelas dificuldades de manejo técnico que apresenta mesmo a profissionais experientes, mas, principalmente, porque anuncia em tempo recorde os paradigmas culturais que permeiam as relações familiares. O tema que ora trataremos é datado, reflete os impasses na constituição da identidade sexual de crianças do sexo masculino, criadas na cultura machista dominante em todos os segmentos da sociedade brasileira nas últimas décadas do século XX.

Abordar a temática da gênese da identidade sexual parece ser, a princípio, uma contraordem num momento em que a luta pelo fim da homofobia e pelo direito dos cidadãos à diversidade sexual tem sido uma bandeira de muitos. Sendo assim, tratar desse tema é evocar calorosas discussões que acabam trazendo à tona resquícios de distintos preconceitos; porém, calar-se para evitar animosidades não nos parece atender aos anseios daqueles que se envolveriam

24 INTRODUÇÃO

nesse embate. Vejamos, então, como poderíamos mapear as tensões que dispurariam as rotas de colisão: por um lado, temos aqueles que, com parco conhecimento de psicanálise, julgam que ela é uma ciência moralista e preconceituosa, e que só poderia se interessar pela gênese da sexualidade para tentar perpetuar a lógica binária dominante na identificação sexual; por outro lado, o dos psicanalistas, o desconhecimento recai sobre os conteúdos estudados pelos cientistas sociais, que os capacitariam a identificar, de fato, os movimentos discriminatórios e preconceituosos dos quais muitas vezes nem nos damos conta. No entanto, esses distintos objetos de pesquisa podem levar a discussão a se perder num emaranhado de pré-conceitos e pré-concepções que só serviriam para reforçar a premissa de Foucault, expressa nas palavras de Butler da seguinte maneira:

> *O sexo não pode nunca ser liberado do poder: a formação do sexo é uma atuação do poder. Em certo sentido, o poder atua no sexo mais profundamente do que podemos saber, não apenas como uma constrição ou repressão externa, mas como o princípio formador de sua inteligibilidade (Butler, 2008, p. 96).*

É certo que os psicanalistas, como a maioria dos seres humanos, tiveram até então sua constituição identitária forjada dentro do modelo binário, com sua cobrança de coerência entre anatomia, identidade de gênero, desejo e prática sexual e que, por isso mesmo, terão como desafio ouvir, com neutralidade analítica, um sujeito que se sente aprisionado pela sexualidade normativa. Mas também é certo que todos os analistas sofreram atravessamentos culturais que os deixaram preparados para aceitar enquadres teóricos mais flexíveis e menos preconceituosos do que os vigentes na sua principal fonte de estudos: a psicanálise freudiana.

Lembremos que Freud já nos alertava, em 1905, de que era "essencial compreender claramente que os conceitos de 'masculino' e 'feminino', cujo significado, que parece tão inequívoco às pessoas comuns, está entre os mais confusos que ocorrem na ciência" (Freud, 1980[1905] p. 226).

Convém, então, admitir que, por vários desses motivos, o assunto da diversidade sexual é delicado, espinhoso, e que, apesar de o termo "identidade de gênero" ter sido cunhado, na década de 1960, por Robert Stoller – um psiquiatra e psicanalista americano que deixou uma interessante contribuição sobre a transexualidade na infância –, nem mesmo esse autor conseguiu conduzir suas investigações e tratamentos sem uma expectativa de coerência entre sexo anatômico e gênero. Apesar de reconhecermos o risco sempre possível da presença dessa expectativa, é necessário desfazer uma imprecisão que paira sobre a psicanálise nesse campo: a de que o tratamento psicanalítico visaria evitar ou corrigir as identificações homossexuais – hipótese que só poderia ser aventada por um leigo, pois qualquer um que se dedique ao estudo da teoria psicanalítica logo perceberia que este não é nem de longe o seu objetivo! E, se acaso fosse, não conseguiria jamais alcançá-lo, pois sua proposta terapêutica, que caminha no sentido da assunção dos desejos mais recônditos do sujeito, inviabiliza as propostas de "correção ortopédica".

Esse imperativo que nos obriga a ser homens ou mulheres, sob o risco de sermos excluídos do campo considerado humano, é a questão fundamental que a filósofa americana Judith Butler tem lançado para a reflexão de todos. Recusando o sentido clássico de gênero como um termo que se refere a uma rede de traços de personalidade, atitudes, sentimentos, valores e condutas que diferenciam mulheres de homens, ela propõe, em seu lugar, que o gênero deva ser considerado "como um ato performativo, uma ação pública,

26   INTRODUÇÃO

que encena significações já estabelecidas socialmente e desse modo funda e consolida o sujeito" (Butler apud Knudsen, 2007, p. 78).

Uma das interessantes decorrências dessa visão é o fato de que não haveria gêneros originais, pois homens e mulheres heterossexuais seriam tão construídos quanto as categorias chamadas de cópias. Para essa autora, a existência de dois órgãos genitais distintos não justifica a suposição de um binarismo de gênero, pois o corpo não sustenta uma verdade fundamental sobre a sexualidade.

Por concordar com essa premissa e por reconhecer quão parco é nosso conhecimento sobre as identificações primárias, julgo ser muito importante estudar os primórdios da construção da identidade sexual, em primeiro lugar porque, "como Foucault assinala, o sexo acabou por caracterizar e unificar não apenas as funções biológicas e os traços anatômicos, mas as atividades sexuais, assim como uma espécie de núcleo psíquico que dá pistas para um sentido essencial ou final para a identidade" (Butler, 2008, p. 91).[1] Em segundo lugar, porque, como diz Bleichmar, "a enunciação de gênero se inscreve na identidade nuclear do ego, antes que a criança reconheça sua correlação com a genitalidade" (2000, p. 3), vale dizer, numa época em que o inconsciente ainda está em vias de constituição.

Tendo em mente a intenção de contribuir de alguma maneira para o que a clínica psicanalítica me fez entender, isto é, que existem mais gêneros do que sexos, escolhi como objeto de estudo a escuta detalhada da singularidade fantasmática de uma criança de 4 anos de idade, envolvida nas tramas da construção de sua identidade sexual. As incógnitas instaladas geraram um material

---

1   "As Foucault points out, sex has come to characterize and unify not only biological functions and anatomical traits but sexual activities as well as a kind of psychic core that give clues to an essential, or final meaning to, identity" (Butler, 1996, p. 60).

clínico volumoso, produzido durante dois anos de análise, com uma frequência de quatro sessões semanais. Das trezentas sessões transcorridas nesse período, optei por selecionar apenas as mais significativas para representarem os movimentos psíquicos importantes no desenvolvimento clínico do caso.

Nesse material, arquivado por quase três décadas, poderemos observar, lado a lado, a violência das normas que regem a necessidade de se ter um sexo definido, e a violência da mãe quando não permite à criança sair da imersão simbiótica e criar sua própria identidade. A leitura do caso não só deixará o leitor sensibilizado com as dificuldades do analista no emaranhado dos primórdios da constituição psíquica, como também o aproximará dessa criança durante três fases distintas: a primeira, em que ele sente uma inveja intensa da figura feminina; a segunda, em que há o predomínio de um movimento egoico defensivo que fazia com que "escondesse" seu pênis e alardeasse seu desejo de ser mulher, na tentativa de escapar de um ataque fulminante ao órgão que elegeu como referente de individuação; finalmente, numa terceira fase, o leitor poderá ver como a criança, mesmo tendo tido um avanço significativo na elaboração da angústia de castração, dar-nos-á a impressão de ter se identificado com o gênero feminino, pois o fascínio pelos adereços usados pelas mulheres ainda persistia... e me levava a questionar qual seria o rearranjo identificatório sexual que aconteceria após a adolescência daquela criança. Questão que não se calou por muitos anos, alimentou o meu interesse pelo assunto, deixando-me ávida por leituras e supervisões que pudessem me ajudar a respondê-la. Foi assim que, em 2005, iniciei o curso "A sexualidade infantil: de Hans a John/Joan", ministrado pela professora doutora Silvia Bleichmar, e que tinha como conteúdo programático exatamente o estudo dos empecilhos que uma criança, originariamente identificada simbioticamente com a mãe, tem que vencer para conseguir adquirir sua identidade masculina.

28   INTRODUÇÃO

Curiosamente, nessa mesma época, tomei conhecimento da tese (de doutorado) que estava sendo escrita por uma colega da PUC-SP, Eliane Kogut, que estava estudando o movimento *crossdresser* no Brasil. Organizado por um grupo de homens, casados ou com relacionamentos estáveis com mulheres, seus componentes tinham a necessidade esporádica de se vestir de mulher, apenas pelo prazer de desfrutarem dos adereços femininos e serem enxergados como mulheres – prazer que não implicava atração ou atividade sexual com homens. Eu, que nada sabia sobre o assunto, logo vislumbrei no fenômeno uma possível resposta para a construção identificatória que tinha visto naquela criança que tinha analisado tantos anos atrás. Intrigada com a certeza de que havia uma vinculação entre as duas situações, decidi rever todo o material clínico, dessa vez sob a supervisão da doutora Silvia Bleichmar. Mas, para não ficar impregnada demais por essa hipótese, decidi, também, nada ler sobre o assunto e nem visitar o site do *Brazilian Crossdresser Club*, até que estivesse com todo o material redigido.

Após meses de trabalho, foi possível vislumbrar que o material daria uma interessante pesquisa clínica, e que o supervisor mais adequado para me acompanhar na escrita acadêmica desse material seria o professor doutor Renato Mezan, do Programa de Pós-Graduação da PUC-SP, que orientou minha pesquisa sobre sexualidade masculina no doutorado e tem orientado outras teses afins. Ele prontamente aceitou a empreitada de ser o orientador do meu estágio de pós-doutorado, ficando a professora Silvia como co-orientadora. Assim, durante mais de um ano, tive o prazer de discutir o material clínico com cada um deles. Quando o trabalho estava quase concluído, infelizmente, sofremos a perda da nossa querida professora Silvia, em agosto de 2007. E, por muito tempo, não consegui retomar a escrita – até que foi preciso concluí-la formalmente. Daquele momento até a presente data, sempre que me é possível, retomo os estudos sobre essa temática que deixou tantos questionamentos em aberto.

Esta pesquisa teórico-clínica está organizada em seis capítulos; no primeiro, "Determinismos parentais", farei a apresentação dos primeiros contatos com uma família que busca análise para um menino que, segundo seus pais, apresentava um desvio sexual. A complexa rede que compõe a história da fundação do psiquismo dessa criança servirá de roteiro para que, no segundo capítulo, "Os primórdios da inveja", possamos apresentar um conjunto de sessões do início da análise dessa criança, interpretado à luz da riqueza das concepções kleinianas acerca das fantasias arcaicas que compõem a inveja da completude.

O terceiro capítulo, "O terror à mãe vampírica", compila o material clínico que sustenta uma das hipóteses fundamentais dessa pesquisa: a de que o terror à mãe, em alguns casos, pode representar tanto um obstáculo à identificação masculina quanto uma fonte inesgotável de angústia. Dando continuidade a esse tema, "O canto da sereia" apresenta o *link* entre essas angústias primitivas e o encantamento com a "montagem da mulher" presente no fascínio pelas roupas e adereços femininos. O quinto capítulo, "Ensaios edipianos: nem príncipe, nem princesa", mostrará ao leitor o tear das intervenções psicanalíticas, movendo-se, continuamente, entre um tempo de elaboração das vivências arcaicas com a mãe e um tempo de avanço na construção da subjetividade e da elaboração do complexo de castração.

Os momentos nevrálgicos da análise dessa criança reenviam à teoria psicanalítica uma série de indagações que denunciam, a um só tempo, a precocidade da construção da identidade sexual e a insuficiência do binarismo de gênero para acompanhar tais desenvolvimentos. Assim, no último capítulo deste livro, "Redesenhando possíveis

30 INTRODUÇÃO

aberturas teóricas", acrescentarei alguns fatos que me levaram a concluir quão estreito se torna o ordenamento masculino ou feminino para dar conta da singularidade de cada uma dessas construções.

Deixarei a cada leitor o convite para que elabore, a seu modo, esse historial clínico e continue bordando neste capítulo os efeitos que a figurabilidade imagética trouxer aos seus olhos. Para esse bordado, basta que cada um seja livre para escolher a espessura e os tons das linhas que costumam seguir as escolas analíticas com que nos identificamos. Mas, quem sabe, ao cruzar linhas, vislumbraremos outras configurações que nos permitam redesenhar, juntos, possíveis aberturas teóricas?

Optar pela publicação desse material clínico nem de longe foi uma decisão fácil, mas acabou sendo impulsionada pelo meu incômodo com a forma como a sexualidade tem sido vivenciada pelas pessoas no início do século XXI, quando então parece não haver mais espaço para a fantasia, uma vez que tudo tem de ser vivenciado no plano concreto! Eu acreditava ser importante dar visibilidade, a um só tempo, tanto às angústias que acompanham a fantasmática da designação de gênero na infância quanto aos engessamentos teóricos da psicanálise para lidar com o emaranhado de questões envolvidas nesse assunto tão complexo. No entanto, eu não conseguia concluir o texto nos moldes habituais de uma pesquisa acadêmica: apresentando uma compilação bibliográfica e suas conclusões. Nenhuma das formas que eu encontrava para finalizar os originais parecia satisfatória. Então, recentemente, Renato Mezan, que continuava me cobrando a publicação do material, sugeriu que eu assistisse ao documentário da psicanalista Miriam Chnaiderman, *De gravata e unha vermelha*.[2] Foi quando pude encontrar, por meio do olhar delicado da roteirista, os contornos do que eu buscava para concluir

---

2 Vencedor do Prêmio Felix de Melhor Documentário no Festival do Rio 2014.

o meu escrito. Cada história de vida apresentada no filme poderia ser uma projeção da vida adulta do meu pequeno paciente. Enfim, encontrara as palavras que faltavam à minha conclusão e que foram proferidas por uma das entrevistadas no documentário: "existem mil sexos dentro desse corpo que o Estado pensa que é dele!".

Fiquei animada por ter encontrado uma colega que abriu sua lente analítica exatamente por acreditar que as variações na identidade sexual não se reduziam ao posicionamento da criança diante da castração, mas aos complexos modos de combinação entre os fantasmas que articulam o desejo sexual e as formas de organização dos atributos de gênero – o que Bleichmar tinha dito com palavras tão precisas:

> *A sexualidade não é um caminho linear que vai da pulsão parcial à assunção da identidade, passando pelo estágio fálico e o Édipo como sinais de seu percurso, senão que se constitui como um complexo movimento de sobredeterminações e ressignificações, de articulações provenientes de diversos estratos da vida psíquica e da cultura, das incidências da ideologia e dos movimentos do desejo, sendo necessário, portanto, dar um peso específico a cada elemento (Bleichmar, 2014, p. 254).*

Entreguei-lhe os originais para que me ajudasse a decidir se valeria a pena trazer a público a riqueza do mundo fantasmático em que fica imersa a construção da identidade de gênero, marcadamente envolta por angústia, e que faz com que o recalcamento continue a ser a contrapartida defensiva do aparelho psíquico, em qualquer época da história da sexualidade humana.

A reação entusiasmada de Miriam Chnaiderman, dizendo que o ineditismo do material seria um verdadeiro presente para a

32 INTRODUÇÃO

comunidade psicanalítica brasileira, pois estimularia estudos e reflexões necessárias para um reordenamento teórico sobre o assunto, ecoou as palavras que me dirigira Silvia Bleichmar uma década
atrás, ao afirmar, categoricamente, que eu não tinha opção, teria
de publicar essa análise na íntegra, porque esse material ilustrava
quanto os novos modos de subjetividade colocavam em questão
alguns enunciados psicanalíticos. Todos aqueles que conviveram
com Silvia sabem muito bem quão contundentes eram suas palavras, e a força com que ela levava um debate às últimas instâncias.
Assim, querendo fertilizar o debate psicanalítico sobre essa temática, convido o leitor a me acompanhar em uma das viagens a que
dediquei minha vida profissional, e que me deixa identificada com
a imagem criada por Manoel de Barros ao dizer: "Sou hoje um
caçador de achadouros de infância" (Barros, 2003).

1. Determinismos parentais

"Contar é muito dificultoso. Não pelos anos
que se já passaram.
Mas pela astúcia que têm certas
coisas passadas – de fazer
balancê, de se remexerem dos lugares."
Guimarães Rosa, *Grande sertão: veredas*[1]

Essa opinião de Guimarães Rosa casa bem com a minha escuta clínica, pois é exatamente esse "balancê" que me ajuda a colocar a teoria para trabalhar, como dizia Bleichmar, parafraseando Laplanche.

A problemática que aqui estudarei partirá da história clínica. Seguirei, portanto, o modelo que Freud usou em "O homem dos ratos": da clínica à teoria. Venho utilizando essa metodologia nos cursos de psicanálise da criança que ministrei nos últimos anos, quando tive a oportunidade de observar que esse recurso didático envolve inteiramente o ouvinte, pois levanta questões que

---

1   Guimarães Rosa, 1986, p. 172.

34 DETERMINISMOS PARENTAIS

convocam a articulação entre o saber acumulado e novos conteúdos, oportunidade em que se leva o aluno a perceber a beleza das combinações que vão surgindo à medida que, lentamente, giramos o caleidoscópio da clínica psicanalítica.

O caso que selecionei para estudo é o de um primogênito, a quem atribuirei o nome de B., que chegou para uma avaliação psicodiagnóstica com 4 anos e 7 meses. Na primeira entrevista com os pais, o casal enfatizou o quanto o garoto era chorão – chorava desde que nasceu, por qualquer motivo –, e tinham a impressão de que o choro não ia parar nunca mais! Julgando que a causa de tantas lágrimas pudesse ser cólicas intestinais, aos quatro meses de idade do filho, procuraram um gastroenterologista, que concluiu não haver nenhum problema orgânico com a criança. Já quando o bebê tinha um mês e meio de vida, a mãe parara de dar o seio, porque, diziam, ele estava chorando era de fome. Diante de advertências desse tipo, chegaram a mudar de leite várias vezes, mas não adiantava! Agora viam que eram muito inseguros e não conseguiam estabelecer limites para as pessoas, pois todos interferiam e davam palpites no modo como deveriam tratar o bebê.

Ele cresceu sendo uma criança muito chorona e, até quando seus pais me procuraram, ainda chorava demais, tanto que o apelido dele na família dos pais era "Chatorium", por ser chato, chorão, pegajoso e enjoado – só deixando de ser assim quando estava longe da mãe. Mas, mesmo assim, ela chegou a achar que se ficasse mais em casa com ele o problema iria melhorar: largou um emprego de meio horário, e de nada adiantou. Na verdade, a situação até piorou!

A gravidez viera depois de quatro anos de casados e como resultado de um tratamento que durou um ano. Tudo foi muito curtido: o quarto, o enxoval... O desejo da mãe era que o primeiro filho fosse uma menina, e essa foi a sua "expectativa/certeza" até a última hora.

No final da entrevista, os pais começaram a falar do que os estava incomodando: o fato de o menino só gostar de brincar de bonecas, vivendo na fantasia de ser menina. O pai ficava irritado, transtornado, e acabava demonstrando esses sentimentos: chegou a dar um fim a uma boneca Barbie com que o garoto gostava de brincar quando ia à casa da avó. Mas isso de nada adiantou, pois ele continuou obcecado pela ideia de ter uma Barbie – o que os deixava inconformados.

Na segunda entrevista, os pais contaram que o garoto tinha o hábito de colocar uma calça de moletom na cabeça fingindo que era uma peruca.[2] "Não sabemos mais o que fazer... se escondemos as calças ou se deixamos. Temos muita vergonha, aqui é uma cidade pequena, e todos ficam achando esquisito." Ele tem uma amiga que é o contrário dele: quando brincam de Cinderela, ele quer ser a princesa e ela o príncipe. Adora televisão, principalmente o programa da Xuxa – e eles acham que foi isso que o influenciou.

O pai sempre esteve presente e, no primeiro ano de vida do bebê, dividia todas as tarefas com a esposa. Até que começou a ser rejeitado, pois a criança passou a aceitar que apenas a mãe fizesse de tudo para ele. Segundo o pai, até hoje ela tem condutas inadequadas para a idade do garoto: dá comida na boca, não o deixa escolher suas roupas, deita-se com ele até que durma – enfim, dedica-se inteiramente a ele, nem parecendo ter outro filho menor. A mãe imediatamente retrucou que isso acontecia porque o caçula não lhe dava trabalho algum! O pai concordou, dizendo que a experiência parecia mesmo ter ajudado, pois, com o segundo filho, a mãe ficou mais segura e o bebê mais tranquilo.

Quando lhes perguntei sobre o parto do garoto, disseram que havia sido normal e que o pai assistira a tudo. Ao dizerem isso, ele se

---

2   Logo depois comentaram que o garoto andava muito irritado com o fato de a mãe ter cortado os cabelos bem curtos.

36 DETERMINISMOS PARENTAIS

lembrou de que não tinha tido coragem de contar à esposa que era um menino e, apesar de ter ensaiado algumas palavras, nada disse por medo de decepcioná-la. "Eu não sei... eu fiquei... não foi vergonha... eu fiquei com receio de falar..." Ela retrucou que isso foi uma bobagem dele e que, apesar de o bebê não ser uma menina, ela até achava que tinha aceitado bem a surpresa e nunca mais pensara no assunto.

Os pais acrescentaram que passavam o dia inteiro juntos, pois trabalhavam na mesma empresa e, portanto, tinham os mesmos colegas. Assim, não se desgrudavam em nenhum momento e, quando precisavam se separar por algumas horas, era como se o outro tivesse morrido.

Ao final da segunda entrevista, a mãe revelou algo que não tinha contado ainda nem para o marido, com medo de ele "morrer do coração": o que a levou mesmo a procurar uma psicóloga foi o fato de ter pego o menino usando na "cuequinha" um papel higiênico dobrado, como se fosse um absorvente íntimo; ficou muito assustada e deu-se conta de que havia algum tempo seus absorventes estavam desaparecendo. Ao ouvir essa revelação, o pai ficou emudecido por um tempo e, depois, angustiado, o casal perguntava, insistentemente, e em uníssono: "Será que ainda vai dar tempo? Será que não é tarde demais?"

Considerações psicodiagnósticas

Essas perguntas – que localizam o ponto nevrálgico da angústia desses pais em torno da possibilidade de seu filho estar constituindo uma identidade feminina e de quererem, aparentemente, reverter esse quadro identificatório –, servirão de plataforma para nossa tentativa de refletir acerca das informações que eles apresentaram.

Parto do fato de uma gravidez tão desejada, que ocorreu somente após anos de tentativas e tratamento médico, poder desenvolver um potencial de idealização e de expectativa a ser correspondida, pois, antes de mais nada, tem a função de confirmar a fertilidade dos pais. Por razões que não foram esclarecidas pelo casal, essa gravidez foi sonhada como a de uma menina. Desígnio inscrito no psiquismo da mãe com tamanha força que ela, mesmo tendo a possibilidade de realizar uma ultrassonografia, preferiu não abalar a sua certeza de que teria uma filha. No entanto, a crueza da realidade de um bebê que tem a sua própria natureza e uma determinada constituição anatômica não apenas conseguiu substituir as certezas (que até então reinavam) por incertezas, como também denunciou o despreparo psíquico dos pais para lidar com o inesperado. Aliás, esta é uma característica marcante das primeiras gestações: terem o poder de revelar a fragilidade do nosso psiquismo frente ao novo, pois nenhum bebê é exatamente como foi sonhado, mesmo quando tem o sexo, as feições e a saúde esperados. Por isso mesmo, tanto a maternidade quanto a paternidade representam passagens de uma etapa da vida para outra e requerem remanejamentos psíquicos que reatualizem a angústia de castração, pois ver-se diante de um desconhecido, o bebê, com toda a carga de atenção e desvelo que ele demanda, abala completamente o centramento narcísico reinante até então.

O que aconteceu a esses pais quando se depararam com a surpresa do desconhecido? O pai, primeiro a vê-lo, ficou sem palavras. Titubeou em assumir, durante a consulta, o que havia sentido naquele momento. Negou que fora vergonha. Mas, se acaso essa assertiva tiver sido apenas uma denegação,[3] o que poderíamos pensar dessa vergonha? Havia uma questão do pai com a masculinidade que o levava a não sonhar com um filho homem (que é o desejo mais

---

3   Segundo Roudinesco e Plon (1998), denegação é um termo proposto por Sigmund Freud para caracterizar um mecanismo de defesa por meio do qual o sujeito exprimiria negativamente um desejo ou uma ideia cuja presença ou existência ele recalca. Roudinesco, E., & Plon, M. (1998). *Dicionário de psicanálise*. Rio de Janeiro: Jorge Zahar.

38 DETERMINISMOS PARENTAIS

comum dos pais em nossa cultura) e a ficar sem coragem de anunciar a surpresa à esposa? Ou teria sido o seu silêncio uma forma de tornar oficial sua ideia de que aquela criança, desde quando gerada, estava à mercê do desejo da mãe, e que ele nada tinha a dizer nem quando ouvia a notícia do uso do absorvente íntimo?

A sua dificuldade em dizer "não" a quem quer que fosse era gritante e muito bem ilustrada pelo silêncio em substituição às afirmativas mais próximas da realidade. Assim, deixou de dizer à esposa "Não é uma menina como você queria!", e ao filho "Não quero que você brinque com bonecas!". Essa impossibilidade seria fruto de uma elaboração precária da angústia de castração e de uma débil representação do Nome-do-Pai em sua organização psíquica? Conseguiria esse pai colocar-se como homem diante da esposa, ou a sua posição era a de um filho? Seja como for, em sua história de vida havia um fato significativo: ficara órfão de pai muito cedo, no final da primeira infância. Poderia esse acontecimento ter deixado como rastro uma lacuna e uma insegurança que paralisaram a construção da função paterna?

E o que dizer da mãe? Seu depoimento foi de que "aquilo" (o desejo) havia sido uma bobagem, e que ela nem tinha mais pensado no assunto – o que levanta a hipótese de que pouca diferença fazia essa criança ter nascido menino ou menina, pois o seu lugar continuava demarcado: seria uma menina. Mas o somatório dessas posturas do pai e da mãe leva-nos à hipótese de que a ausência de representação dessa frustração vivenciada pelo casal quanto ao sexo do bebê resultou em que, diante daquele bebê, não fosse assumido um desejo, ou sequer um não desejo, ou até mesmo uma rejeição, o que pode ter feito essa criança cair num vácuo criado pela ausência de desejo e de sonhos. Só restou a ela lançar mão de um dos meios preferenciais de transmissão da emoção entre os seres humanos nas fases iniciais da vida, o meio vocal, o choro. Porém, a voz da mãe, que costuma ser o melhor meio de apaziguar os gritos do bebê, fazendo-o discriminar o valor expressivo da intervenção do adulto, nenhum consolo trazia.

A narrativa de que as operações funcionais para cuidar de um bebê foram alternadas todo o tempo entre os pais nos levou a crer que a criança (com um ano de idade) precisou impor uma precária diferenciação nos papéis, passando a aceitar que apenas a mãe lhe desse comida. Foi esse o modo que encontrou de protestar contra a indiscriminação que pasteurizava as relações familiares. Teria sido esse um marco inaugural de dois movimentos significativos, como a instalação do comportamento de apego duradouro à figura da mãe e a adesão ao seu desejo de ter uma menina?

A fim de refletirmos um pouco mais sobre a primeira sensação que esse material clínico nos trouxe, qual seja, a de que houve uma carência do ambiente primordial em relação às necessidades do Eu nesse bebê, façamos, agora, um exercício associativo com algumas considerações teóricas.

Os avatares do início da constituição psíquica

"Embora se possa considerar ponto pacífico que todos concordam sobre o fato empírico de que, dentro dos primeiros doze meses, quase todos os bebês desenvolveram um forte vínculo com a figura materna, não existe consenso a respeito de quatro pontos: com que rapidez esse vínculo se estabelece, por que processos é mantido, por quanto tempo persiste e que função desempenha."
John Bowlby, *Apego*.[4]

A impotência do recém-nascido que, por sua imaturidade biológica, cognitiva e psíquica, é incapaz de empreender uma ação coordenada e eficaz que garanta a sua sobrevivência, determinará a

---

4 1990, p. 192.

40   DETERMINISMOS PARENTAIS

necessidade de sua completa dependência de um adulto que possa garantir a sua subsistência. Tal condição, nomeada por Freud como "estado de desamparo" (*Hilflosigkeit*), deixará marcas mnêmicas que serão recarregadas, alucinatoriamente, toda vez que existir um acúmulo de excitação que não possa ser descarregado ou metabolizado. Assim, a experiência desse "estado de desamparo" influencia, de modo decisivo, a estruturação do psiquismo do bebê, uma vez que este é destinado a se constituir inteiramente na relação com outrem, principalmente a mãe – o que lhe confere uma posição onipotente. Vem daí a constatação freudiana de que a angústia de separação do objeto primordial deve-se sempre ao perigo que essa perda implica para a sobrevivência.

Refutando completamente essa ideia de que o desejo de estar com outros membros da espécie é um resultado de ser alimentado por eles, temos a teoria do apego, proposta em 1958 pelo psiquiatra e psicanalista inglês John Bowlby (1907-1990), e que sustenta que a alimentação e o alimento desempenham apenas um papel secundário no desenvolvimento do bebê. Esse autor, dando uma grande importância à realidade social em que a criança foi educada, passou a publicar trabalhos sobre a criança, sua mãe e seu ambiente a partir de 1940 e contribuiu para a psicanálise com três noções importantes: o apego, a perda e a separação (noções às quais ele foi dando um conteúdo cada vez mais biológico, pelo fato de ter sido um apaixonado pela biologia e etologia – paixão que lhe custou a acusação de que ignorava o inconsciente).

Impressionado pelo caráter primário do comportamento de *imprinting*[5] entre as aves e alguns mamíferos, Bowlby propôs em

---

5   As pesquisas do etologista Lorenz, embora publicadas em 1935, só tiveram impacto no pensamento psicológico a partir da década de 1960. Elas provaram que o comportamento de apego pode se desenvolver em filhotes de patos e

1958 que o desenvolvimento do comportamento de apego em bebês humanos, embora muito mais lento, é semelhante ao observado em mamíferos não humanos. Sua proposta conceitual é da existência de uma pulsão de apego, que seria uma pulsão primária não sexual, independente da pulsão oral,[6] e que se expressaria por meio de cinco padrões de comportamento: chorar, sorrir, seguir, agarrar-se e sugar. Essa primeira versão da teoria do apego sofreu uma revisão dez anos depois, quando Bowlby propôs que esses padrões de comportamento eram usualmente incorporados em sistemas mais refinados, entre os nove e dezoito meses de idade, para atingir a meta fixada: a proximidade da mãe – o que garantiria um equilíbrio estável a despeito das alterações exteriores.

Bowlby dedicou-se então a acompanhar nos bebês essa função biológica que era pouco estudada: o comportamento de apego, considerado uma classe de comportamento social de importância equivalente à do comportamento de acasalamento e do comportamento parental. Observou que o comportamento de apego surge pela primeira vez entre as crianças de quatro a doze meses, sendo exibido de um modo vigoroso e regular até perto do final do tercei-

---

gansos sem que estes animais tenham recebido alimento ou qualquer outra recompensa convencional. Após a eclosão dos ovos, os filhotes seguiam qualquer objeto que vissem em movimento, fosse a ave mãe, o pesquisador, uma bola de borracha ou uma caixa de papelão. Tendo seguido um determinado objeto, passam a preferi-lo a qualquer outro. O processo de aprendizagem das características do objeto que é seguido recebeu o nome de *imprinting*. Acredita-se que o comportamento de apego em mamíferos e no próprio homem se desenvolve de maneira comparável.

6   Didier Anzieu (1989) comenta que, se tivesse de incluir a pulsão de apego dentro do esquema pulsional freudiano, arriscaria incluí-la entre as pulsões de autoconservação.

42   DETERMINISMOS PARENTAIS

ro ano.[7] A obra de Bowlby apresenta provas abundantes, mostrando que o tipo de cuidados que um bebê recebe de sua mãe desempenha um importante papel na determinação do modo como se desenvolve seu comportamento de apego, mas o autor, revelando a influência de sua parcial formação kleiniana, chamará a atenção do leitor para o papel muito ativo do bebê humano, lembrando que não se deve jamais esquecer em que medida a própria criança inicia a interação com o seu cuidador e influencia a forma como esta se estabelecerá.

Vejamos agora o que dois outros psicanalistas dizem acerca desses dois comportamentos que fazem parte do apego: o chorar e o sugar. Comecemos pelo choro. Didier Anzieu (1921-1999), psicanalista francês, adepto das ideias de Bion, interessado nas questões teóricas que pudessem ajudar nos quadros clínicos chamados de estados-limite ou personalidades narcísicas e que correspondem atualmente a mais da metade da clientela psicanalítica, dedicou-se a estudar, desde 1974, os processos psíquicos primários que dão origem às fronteiras entre o Eu psíquico e o Eu corporal, entre o Eu realidade e o Eu ideal, entre o que depende do *self* e o que depende do outro, prestando igual atenção às bruscas flutuações de todas essas fronteiras. Assim, chegou a identificar como se formam os envelopes psíquicos, suas estruturas, encaixes e patologias, e como a psicanálise pode ajudar a reinstaurar esses processos no indivíduo. Partindo da acepção de que o bebê está ligado a seus pais por um sistema de comunicação verdadeiramente audiofônico, em 1985, Anzieu descreveu um dos envelopes psíquicos que nos interessa sobremaneira: trata-se daquele que é composto pelo

---

7   Vale lembrar o esclarecimento dado por Bowlby de que ser dependente de uma figura maternal é completamente diferente de ser apegado: enquanto a dependência é máxima no nascimento e diminui de um modo mais ou menos uniforme até ser atingida a maturidade, o apego está inteiramente ausente no nascimento.

universo sonoro – cavidade psíquica pré-individual dotada de um esboço de unidade e de identidade. O envelope sonoro é composto de sons alternadamente emitidos pelo meio ambiente e pelo bebê:

> *[...] o banho melódico (a voz da mãe, suas cantigas, a música que ela proporciona) põe à disposição um primeiro espelho sonoro do qual ele se vale a princípio por seus choros (que a voz materna acalma em resposta), depois por seus balbucios e, enfim, por seus jogos de articulação fonemática (Anzieu, 1989, p. 213).*

Esse espelho sonoro, ou pele auditivo-fônica, tem como função a aquisição pelo aparelho psíquico da capacidade de significar e depois simbolizar.

Segundo Anzieu (1989), os experimentos do inglês Wolff, realizados em 1963 e 1966, conseguiram identificar no bebê com menos de três semanas quatro tipos distintos de choro que são puro reflexo fisiológico: o choro de fome, o choro de cólera, o choro de dor e o choro de resposta à frustração – todos esses choros são capazes de induzir nas mães reações específicas para tentar que cessem.[8] A voz materna desde o fim da segunda semana consegue parar o choro do bebê muito melhor do que qualquer outro som ou presença do rosto humano, e com cinco semanas o bebê distingue a voz materna das outras vozes. Não há dúvida, portanto, de que o primeiro problema colocado à inteligência nascente é o da organização diferencial dos ruídos do corpo, dos choros e dos fonemas.

---

8   Vale lembrar que, apesar de Bowlby ter sido acusado por muitos de ignorar o inconsciente, vários psicanalistas que estudam os primórdios da constituição psíquica valorizam como hipótese de trabalho útil a pulsão de apego. Um bom exemplo disso é o caso de Anzieu que, apesar de reconhecer que ela não está comprovada, autoriza-se a incluí-la entre as pulsões de autoconservação de Freud.

44 DETERMINISMOS PARENTAIS

Quanto à função da amamentação no desenvolvimento psíquico do bebê, uma das teóricas que mais se debruçou sobre o assunto foi Melanie Klein (1882-1960), principal expoente do pensamento da segunda geração psicanalítica mundial e fundadora do kleinismo, uma das escolas das relações objetais, que desenvolveu ideias distintas da doutrina freudiana clássica. Apesar de considerar o desamparo um fato verdadeiro, para Klein, o bebê é menos passivo no vínculo, pois as noções de tolerância à frustração e inveja fazem com que a impotência do bebê não seja tão direta. A visão dessa corrente geneticista é a de que o bebê nasce dotado de um *quantum* de pulsão de vida e de pulsão de morte e, para sobreviver, precisa realizar uma projeção maciça da pulsão de morte para o exterior daquilo que se convencionou chamar de "ego incipiente", nascente. Portanto, o aparato psíquico é marcado por essa cisão radical, fundante, que distorcerá a visão que o bebê terá do objeto externo. Mergulhado em sensações, o bebê kleiniano estabelecerá relações objetais completamente fantasiosas, as quais só serão minimizadas ao longo do seu desenvolvimento, à medida que sua onipotência e sua fantasia perderem força. Somente então o mundo externo será visto mais realisticamente.

Klein atribuiu uma importância fundamental à primeira relação de objeto do bebê – a relação com o seio materno e com a mãe – e chegou à conclusão de que esse objeto originário que é introjetado fica enraizado no ego em relativa segurança, assentando a base para um desenvolvimento satisfatório. Nesse referencial, o seio é considerado um objeto parcial, que tem um estado de sentimento, bom ou mau, e intenções para com o bebê. Vivenciado nos primeiros meses como pertencente ao próprio corpo do bebê,[9] o seio será o referente sobre o qual as vivências de gratificação serão registradas como ex-

---

9   Vale lembrar que a melhor definição para esse momento está na famosa frase de Winnicott: "o bebê mama de um seio que é ele, e a mãe amamenta um bebê que é ela". Winnicott, D. (1971[1947]). Mais ideias sobre os bebês como pessoas. In Winnicott, D. (1971[1964]). *A criança e seu mundo*. Rio de Janeiro: Zahar.

periências de objeto interno bom – responsável direto pela integração e pela coesão egoica.

> *O seio bom que nutre e inicia a relação de amor com a mãe é o representante da pulsão de vida e é também sentido como a primeira manifestação da criatividade. Nessa relação fundamental, o bebê não apenas recebe a gratificação desejada, mas também sente que está sendo mantido vivo. Pois a fome, que suscita o medo de morrer de inanição, e possivelmente suscita até mesmo toda dor psíquica e física, é sentida como ameaça de morte (Klein, 1957, p. 233).*

Nesse mesmo artigo, "Inveja e gratidão", Klein nos alerta para o fato de que, se a mãe é ansiosa e tem dificuldades psicológicas com a amamentação, esse fator pode influenciar a capacidade do bebê de aceitar o leite com prazer e de internalizar o seio bom. Mas se o seio, enquanto referente simbólico, coloca a mãe num lugar de plenitude, de fonte inexaurível de fartura e de prazeres, ele facilmente se transforma em alvo da inveja do bebê, e "a inveja contribui para as dificuldades do bebê em construir seu objeto bom, pois ele sente que a gratificação de que foi privado foi guardada, para uso próprio, pelo seio que o frustrou" (Klein, 1957, p. 212). Devemos nos lembrar também que será o seio e o desmame que irão ajudar o bebê a fechar uma *gestalt* de várias percepções que, trilhando o caminho da angústia de castração, mostram ao bebê uma das realidades mais cruéis: ele e a mãe são dois corpos separados, e a fonte da vida, o seio, está no corpo da mãe. Constatação que realimentará todo o ciclo projetivo de ódio para com o objeto externo.

De fato, a observação de bebês mostra como eles olham fixamente para o rosto da mãe, enquanto seguram o seio ou apertam o dedo dela, pois esse é o momento de maior intimidade entre eles,

46 DETERMINISMOS PARENTAIS

e por isso deve acontecer em ambiente tranquilo, silencioso, que possa dar à díade a oportunidade de captar cada som, cada traço fisionômico um do outro. Além do mais, a constância e o ritmo da amamentação são os precursores fundamentais para a construção do aparelho simbólico, pois introduzem, gradativamente, a presença e a ausência tanto da gratificação da necessidade quanto do rosto materno – permitindo assim o mergulho no mundo onírico.

Os canais primitivos para a comunicação mãe/bebê

Mas não foi Klein quem deu conta, teoricamente, de explicar o que se passava do outro lado da díade mãe/bebê. Essa tarefa foi tomada por um de seus mais inquietos discípulos, Wilfred Bion (1897-1979), participante da reforma psiquiátrica inglesa e responsável por uma obra complexa que tinha como objetivo uma revisão filosófica do legado freudiano. Esse psiquiatra e psicanalista inglês (de origem indiana) deu à clínica psicanalítica um conceito decisivo para a maior parte das escolas britânicas de psicoterapia analítica: a "continência psíquica", exercida pela mãe nos primórdios da vida, e depois pelo analista. A ideia é que o bebê, por meio da identificação projetiva,[10] inserirá na mente da mãe um estado de ansiedade e terror intoleráveis (especialmente o medo da morte), ao qual ele é incapaz de dar sentido.

Essas angústias infantis projetadas na mãe continente poderão vir a ser devolvidas à criança, metabolizadas, em um estado capaz de se transformar em sonho, e poderão se tornar, depois, passíveis de serem pensadas. Esse movimento de introjeção de uma mãe re-

---

10   O mecanismo de identificação projetiva foi definido por Klein, em 1946, como uma projeção fantasística de partes clivadas do psiquismo do bebê para o interior do corpo materno. Apesar de ser uma modalidade de projeção, difere desta por causar efeitos no psiquismo do receptor.

ceptiva e compreensiva, e que faz com que o bebê possa começar a desenvolver sua própria capacidade de reflexão sobre seus próprios estados mentais, é o que Bion define, a partir de 1962, como *rêverie*,[11] e que exige um trabalho de processamento ou elaboração dos referidos conteúdos. Assim, para a função de continência ser exercida, a mente da mãe precisa estar em estado de calma receptividade para receber os sentimentos do bebê e dar-lhes significado.

Um estado insatisfatório de *rêverie*, segundo Hinshelwood (1992), pode ocorrer principalmente por uma das três seguintes razões: a mãe pode ser um continente fraco para as projeções e entrar em colapso sob a força das identificações projetivas onipotentes do bebê; a mente da mãe pode estar ocupada com outras preocupações e encontrar-se ausente para o bebê; ou ainda pode acontecer de o bebê ter um componente forte de inveja e atacar a função continente da qual depende. Segundo Bion (1967), quando a mãe é incapaz dessa *rêverie*, a catástrofe que persegue o psiquismo nascente do ser humano (a vivência de separação) domina completamente, e o bebê mergulha no "pavor sem nome" – termo utilizado por Karin Stephen, em 1941, para se referir ao pavor da impotência em face da tensão da pulsão na infância, e utilizado por Bion, especificamente, para descrever o efeito da falta de *rêverie* materna, e que ficou mais conhecido como "terror sem nome".

Revisitemos o caso clínico que estamos discutindo para verificar se esses cinco referentes que acabamos de comentar brevemente (o estado de desamparo, o comportamento de apego, o chorar, o sugar e a continência psíquica) podem nos ajudar a ter uma

---

11 Sugiro ao leitor interessado nesse assunto a leitura do excelente texto: Cintra, E. U. (2003). As funções anti-traumáticas do objeto materno primário: holding, continência e rêverie. *Tempo Psicanalítico*, 35, 37-55.

48 DETERMINISMOS PARENTAIS

compreensão mais aprofundada da escuta que tivemos dos dados
transmitidos nas duas primeiras entrevistas com os pais.

Girando o caleidoscópio da escuta clínica

Retomemos a nossa impressão figurativa, de que esse bebê
tenha caído no vácuo – imagem interessante para representar o
desamparo psíquico em que se encontrava e que, provavelmente, deflagrou o choro ininterrupto. Sabemos que, enquanto meio
de comunicação (mediador entre a experiência de necessidade e
a experiência de satisfação alucinatória da necessidade), o choro
geralmente desencadeia cuidados adaptativos da mãe; porém, em
alguns casos extremos, ele pode ser desencadeador de riscos para
o bebê, sendo, mesmo, uma das causas de infanticídio. Aliás, as
reações imprevisíveis que o choro pode desencadear nos adultos
cuidadores levou os cientistas a batizarem o fenômeno como "paradoxo do choro". No caso que ora estudamos, o choro exacerbado
do bebê foi considerado pelos pais como invasivo e perturbador,
refletindo o caráter de intrusão que o garoto tinha na realidade
deles. Mas decisivo mesmo nessa tentativa fracassada de comunicação do bebê foi o fato de os pais não saberem como conter o mal-
-estar dele, não compreenderem o seu choro nem construírem um
sentido para ele – pois os parcos significados atribuídos vinham
de fora, do discurso de outras pessoas, e eram interpretados como
sofrimentos orgânicos. Aliás, até aquela data das entrevistas para
o psicodiagnóstico, os pais ainda não haviam entendido o porquê
de ele continuar sendo tão chorão e "Chatorium". Em nossa compreensão, diríamos que possivelmente o seu choro persistia sendo
a expressão de um estado de angústia, o que nos lembrava as palavras de Freud acerca da angústia automática enquanto resposta
espontânea do organismo a uma situação traumática: "[...] a angústia deve ser considerada como um produto do estado psíquico
do lactente, que é evidentemente a contrapartida do seu estado de

desamparo biológico" (Freud, 1926, p. 162). Tal entendimento nos autorizava a trabalhar com a hipótese de que o grito desse bebê, enquanto sinal de sofrimento, de desconforto e também de expressão afetiva maior, além de denunciar a surdez afetiva dos pais, era um pedido desesperado de vinculação emocional.

A falta de *revêrie* materna era evidente, pois, pelo que os pais contaram, a mãe não conseguia receber a ansiedade do bebê, decodificá-la e transformá-la em algo que pudesse conter sua angústia – por isso, provavelmente, ele não parava de chorar. Em vez de escutar as necessidades do seu bebê, trancando-se com ele num quarto para tentar descobrir um jeito de acalmá-lo e de estabelecer um vínculo comunicativo, essa mãe escutava os palpites das "comadres" e acabava ficando tão ansiosa quanto o bebê, que passava de braço em braço... E tão logo concluíram que ele chorava era de fome, a mãe tirou-lhe o seio. Gesto paradoxal, uma vez que tudo indica que ele chorava era por fome de mãe, por ausência de vida psíquica.[12] Portanto, o choro como um chamamento, um apelo, de nada valia, pois não havia quem o interpretasse!

Esse passar de mãos, quer fosse para ser acalmado ou amamentado, também deixou sequelas no vínculo que precisava estabelecer com a mãe. Hélio Pellegrino, num dos mais belos textos de psicanálise escritos no Brasil, "Édipo e a paixão", baseando-se no mito de Édipo que inspirou Sófocles a escrever sua tragédia imortal *Édipo rei*, apresenta uma tese notável, com a qual concordo plenamente, pois é passível de ser acompanhada na trama tecida pelo psiquismo infantil em muitas análises. Para esse autor, a situação edípica suporta dois níveis de estratificação: o primeiro, mais superficial, corres-

---

12 A mãe, em algum nível, intuía que esse menino tinha "fome de mãe", tanto é que uns anos depois resolveu parar de trabalhar para ficar mais tempo com ele. No entanto, em vez de oferecer o alimento de que ele precisava, "continência psíquica" para a individuação, oferecia o "grude" e a indiscriminação.

50 DETERMINISMOS PARENTAIS

pondente à triangulação freudiana, pai, mãe e filho, é determinado pelo nível mais arcaico, que diz respeito à relação da criança com a mãe, na fase oral, quando então a triangulação será composta pela criança, o seio bom e o seio mau. Ou seja, a virulência do conflito edípico dependerá diretamente das vicissitudes da relação entre a criança e a mãe nos primeiros tempos de vida. Pellegrino explica com muita clareza o que se passa:

> *Quanto pior for esta relação, quanto menos a criança se sentir amada e protegida pela figura materna, mais se agarrará a ela [...] e essa triangulação arcaica tende a persistir. A imagem da mãe má – ou do seio mau – será projetada na figura do pai que, desta forma, se transformará num perseguidor odiado. A criança, acuada, cheia de um ódio que incendiará essa perseguição, desejará matar o pai para entrar mãe-adentro, numa última – e incestuosa – busca de refúgio (Pellegrino, 1987, pp. 310-311).*

Acaso seria esse movimento psíquico que justificava o fato de B. ser tão grudado na mãe? Grudar tinha a função de tirar do objeto amalgamado o que ainda precisava? Se lembrarmos que "[...] apego é um sistema de regulação de segurança, cujas atividades tendem a reduzir o risco de o indivíduo se dar mal, e são sentidas como levando a um alívio de ansiedade e a um aumento de segurança" (Bowlby, 1990, p. 398), tenderíamos a dizer que B. precisou grudar na mãe porque era completamente inseguro quanto ao seu amor. Pela narrativa dos pais, as experiências com a amamentação provavelmente não deram ao bebê gratificação suficiente para criar uma base de segurança interna, afinal, a exacerbada ansiedade da mãe não lhe deixara insistir na amamentação natural, e nem assumir a tarefa de lhe dar as mamadeiras.

Levando em conta o valor que a constância do objeto externo tem para a criação das condições básicas de estabelecimento de segurança interna, apaziguamento da angústia e adaptação ao meio ambiente, é preciso reconhecer que o fato de os pais terem se alternado todo o tempo nas operações funcionais para cuidar do bebê pode ter deixado sequelas que não podemos determinar com precisão. No entanto, é possível constatar um movimento interessante dessa criança e que provavelmente foi uma reação a essa situação: por volta de um ano de idade, parecendo ter saído do vácuo em que se encontrava, impôs uma precária diferenciação nos papéis dos pais, passando a aceitar que apenas a mãe lhe desse comida. Teria sido esse o modo que encontrou de protestar contra a indiscriminação que pasteurizava as relações familiares? Seria esse o marco inaugural de dois movimentos emblemáticos, a saber, a instalação do comportamento de apego duradouro à figura da mãe e a adesão ao seu desejo de ter uma menina?

Essa indiscriminação de papéis, contudo, era forte demais para ser quebrada, e o casal parecia ser regido pela mesma imagem especular: um era a réplica do outro. Parecia que haviam feito uma escolha objetal narcísica e que tinham um pacto simbiótico para que não houvesse espaço nem para a diferença, nem para a falta. Precariedade simbólica claramente ilustrada pelo comentário deles de que qualquer distância lhes dava a sensação de o outro ter falecido. Preservando desesperadamente essa ilusão fusional, nada mais natural que tivessem vivenciado a chegada do primeiro filho como um elemento invasivo, que convocava uma demarcação de lugares. Ou seja, estou querendo dizer que aquele filho havia conseguido denunciar exatamente o pacto esdrúxulo do casal: a expulsão do terceiro elemento, da lei da castração, que cria a representação da alteridade e o respeito pela singularidade.

O que dizer, porém, dos comportamentos que a criança passou a apresentar, como dizer que queria ser uma princesa, usar "pe-

52 DETERMINISMOS PARENTAIS

rucas" ou absorventes? Em primeiro lugar, que constituíam uma forma singular de obrigar o pai e a mãe a se posicionarem diante da diferença sexual e de seus avatares. Usar "perucas" evidenciava que ele sabia efetivamente que não era uma menina e que, portanto, precisava "fazer de conta". A história do absorvente não deixa de ser um ótimo exemplo de como a mãe deixava que esse menino frequentasse a intimidade dela, pois ele sabia exatamente como e onde colocá-lo.[13] E se considerarmos o fato real de que anatomicamente é difícil para um homem usar um absorvente (por causa da bolsa escrotal), esse uso anunciava uma negação da diferença anatômica. Mais ainda, roubar os absorventes da mãe também era um jeito de lhe comunicar algo do tipo: "se você me furta uma diferenciação sexual, eu lhe furto o que a faz mulher".[14]

Mas, afinal, travestir-se seria um efeito reverberativo de quais desejos? Seus ou de seus pais? Seria essa manifestação, de fato, um projeto identificatório genuíno, que representava a construção da sua identidade de gênero, ou um protesto ativo para denunciar a sua recusa de ficar no vácuo, sem um projeto identificatório que emoldurasse o seu ser? Estaria essa criança angustiada? Teria demanda de análise? Vejamos agora a sua versão para a trama em que se encontrava enredada.

Sessão ludodiagnóstica

Quando abri a porta, ele (como se já me conhecesse), foi logo dizendo: "Cassandra, você me dá essa revista que tem a Angélica?".

---

13 Interessante é que se fôssemos pensar no fenômeno transexual, o absorvente era colocado exatamente no lugar onde ele imaginava que ocorria a amputação do pênis.

14 Se, por um lado, o uso do absorvente pode nos dar a impressão de que era tarde demais e uma identificação com essa mãe já estava completamente formada, o uso que o vimos fazendo das "perucas" denunciava, como nos alertou Silvia Bleichmar, um funcionamento psíquico muito primitivo, fazendo com que elas mais parecessem uma capa de contenção mental.

Convidei-o a entrar e ele vacilou, pois não queria largar a revista. Sugeri então que a trouxesse para a sala. A mãe fez um gesto escondido, indagando se era para ela entrar, e eu acenei que não.

B. deu uma olhada superficial no conteúdo da caixa lúdica e voltou a folhear a revista *Amiga*. Sabia o nome de todos os artistas e as novelas em que trabalhavam. Quis recortar a capa, perguntou se eu o deixava tirar a Angélica. Sugeri que olhasse se tinha outras fotos dela na parte interna da revista. Ele passou a recortar as de dentro: duas Angélicas, um Victor Fasano, uma foto da Juma (referência à personagem de uma novela da época, Juma Marruá, uma mulher muito primitiva e que, quando ficava brava, transformava-se em onça, atacava e comia as pessoas). Autoritariamente determinou: "faz uma onça!". Eu não fiz, ele rabiscou algo e disse que era a Juma.

B.: "E agora, onde vou colar a Angélica? Eu quero dar uma para a minha mãe e outra para a dindinha".

Eu lhe mostrei que na caixa tinha cola e papel.

Ele passou a procurar uma casa para a Angélica. Enquanto isso, saía toda hora da sala e ia mostrar uma coisa ou outra para a mãe. Notei que era, fisicamente, muito parecido com ela, e que mimetizava, com exuberância, as falas e expressões corporais de uma mulher adulta.

Decidiu fazer uma colagem: numa folha, a Angélica com o namorado dela, e na outra folha, duas fotos da Angélica. Pergunto por que tinha duas fotos da Angélica.

B.: "Não é foto – uma é ela e a outra é quadro... Agora faz uma casa para ela!"

A: "Por que você não faz?"

B., irritado, respondeu: "Você não sabe que eu não sei fazer casa?"

54 DETERMINISMOS PARENTAIS

Fico quieta e ele completa: "Tá bom, mas eu vou fazer só a porta e a janela. Você faz o resto e pinta o telhado desta cor [vermelho]".

Enquanto isso, ele colava a Juma. Avisei-o que a sessão havia acabado.

B.: "Mas eu não acabei! Ainda falta arrumar uma casa para a Juma... Eu vou voltar aqui?"

A: "Eu vou conversar semana que vem com seus pais e vamos discutir isso. Se for preciso você vir, o que acha disso?"

B.: "Tá bom, eu venho!"

Eu tive que ir ajeitando as coisas na caixa, senão ele não sairia da sala.

Entregou um desenho para a mãe, disse que o outro era para a "dindinha", e que o outro, o da Juma, ele não sabia se era para o pai.

Esse primeiro contato foi inaugurado com uma cena muito significativa: B. nem sequer me cumprimentou, tratando-me como alguém que ele já conhecesse e com quem tivesse recentemente estado. O que será que essa ausência de estranhamento ao meu rosto significava? Pareceu-me, naquele momento, uma certa indiferença – como se lhe interessasse apenas saber se eu poderia lhe dar a Angélica. Expectativa que simbolicamente pode ser ouvida como um desejo de saber se ali seria um lugar em que ele poderia receber a identidade feminina glamourosa com que tanto sonhava. Expressão também do fato de que, apesar de os pais, provavelmente, nada terem dito sobre os motivos pelos quais ele iria a uma psicóloga, ele intuiu que tal visita tinha a ver com a questão da feminilidade em sua identidade. O "grude" da mãe com a criança também foi ilustrado pelo seu oferecimento para entrar junto dele na sessão.

Desprezando o conteúdo da caixa lúdica e apossando-se da revista, foi logo apresentando a armadilha narcísica em que se encontrava preso: a veneração da imagem dos personagens que brilhavam na mídia, principalmente as mulheres *superstars*. Empenhou-se em preparar um presente para a mãe: dar-lhe uma Angélica. Seria essa uma confirmação de que sua identidade de gênero estava se moldando ao mandato do desejo dela? Provavelmente, mas ele também reconhecia um impasse: onde poderia colar a Angélica? Em seu próprio corpo, como vinha tentando fazer ao usar perucas? Não, nesse momento não era qualquer superfície que servia; ele decidiu que ela precisava mesmo era de uma casa. Seria esse o símbolo representante da sua demanda de continência psíquica para a submissão passiva e feminina à imago materna (onipotente) que o aprisionava?

Enquanto não achava a casa na revista, tratou de produzir duas colagens: uma que tinha a *superstar* Angélica, exuberante, ao lado de uma imagem pouco nítida do ator Victor Fasano, que estava ali só para compor o quadro; e a outra colagem que, segundo ele, era a Angélica verdadeira, de frente para a outra, que era só um quadro. Vejamos como podemos entender esse material: a primeira colagem representava a exuberância da mulher sendo olhada por um homem tosco, e que deveria representar a sua percepção da diferenciação dos gêneros feminino e masculino. Na segunda colagem, podemos deduzir que a Angélica verdadeira era sua mãe e que ele era o quadro: mulher só no plano virtual, situação que o angustiava tanto que o levava à necessidade de tantos trejeitos femininos, afinal, recurso histérico não lhe faltava para fazer o arremedo da mulher, só que o resultado final da performance era o de uma mulher exagerada – e não uma mulher verdadeira.

Dando prosseguimento ao seu pedido enviesado de análise, determinou, autoritariamente, que eu fizesse uma casa para essa Angélica que estava na moldura. Como naquele momento eu não entendi o simbolismo desse pedido, pois fiquei presa a um dado de realidade, qual seja, o de que todas as crianças geralmente sabem

56   DETERMINISMOS PARENTAIS

desenhar uma casa,[15] ele, irritadiço, protestou contra a minha surdez: "você não sabe que eu não sei fazer casa?"

Sua concordância em voltar ao consultório, porque faltava fazer uma casa para a Juma, ampliava a conotação que havia dado à sua necessidade de continência: anunciava que era preciso também acolher o seu desejo transformista, que tinha a ver com uma fantasia de mulher devoradora, impressa justamente na colagem que ele não sabia se iria dar ao pai.

Após essa sessão ludodiagnóstica, encontrava-me certa de que aquela criança precisava de uma intervenção psicanalítica, pois o material apresentava as evidências de que ele estava sem "parede egoica",[16] sem continência psíquica, totalmente solto, sem teto, sem chão, e por isso não conseguia sequer desenhar uma casa. E o que dizer da constituição tópica de seu aparelho psíquico? Apesar de só podermos falar de recalque propriamente dito quando o ego já está formado, possuindo uma unidade substantiva, temos de suspeitar que nesse caso, devido à distância mínima entre o psiquismo de B. e o psiquismo da mãe, as tópicas ainda não estavam formadas. Quadro que justificava perfeitamente a indicação de análise. No entanto, vejamos ainda quatro desenhos que foram produzidos nas sessões que se seguiram a esse primeiro contato, e que, além de mostrarem um *flash* de seu funcionamento psíquico naquele momento do psicodiagnóstico, servirão como termo de comparação com outros desenhos que ele produziu ao longo da análise.

---

15   O desenho de uma casa feito um tempo depois ilustra a precariedade a que ele se referia (Figura 1.2).

16   Expressão utilizada por Silvia Bleichmar e que incorporei a meu vocabulário por considerá-la uma imagem perfeita para descrever a construção gradativa do ego.

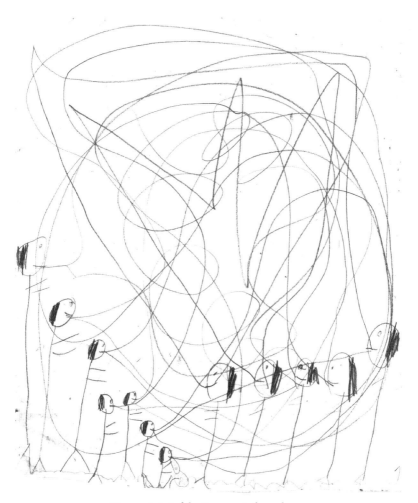

Figura 1.1 A falação na minha cabeça.

Figura 1.2 A Páscoa na minha casa.

Figura 1.3 A minha mãe.

Figura 1.4 O meu pai.

O primeiro desses desenhos, nomeado por ele "A falação na minha cabeça" (Figura 1.1), é muito promissor por mostrar a capacidade desse menino de enxergar os efeitos sobre ele do discurso dos pais que, no seu caso, trazia como consequência um rebaixamento de sua

60 DETERMINISMOS PARENTAIS

autoestima. Nessa Figura 1.1, a criança se representa do lado esquerdo da folha, de um tamanho bem maior que o dos pais que, por sua vez, encontram-se do lado direito da folha. Então começa a "falação" (representada pelas linhas que vão e voltam) e, à medida que ela vai acontecendo, a criança vai ficando cada vez menor. Mesmo assim, continua falando, e os pais também! O desenho se completa com a criança soltando apenas um piado para baixo, não mais dirigido aos pais.

No segundo desenho (Figura 1.2), intitulado "A Páscoa na minha casa", podemos observar a impulsividade dos traços dessa criança que espelhava a excessiva agitação dentro da sessão. Ele se representou com dois verdadeiros "rabos de cavalo": um na cabeça e outro no traseiro, e sem qualquer traço fisionômico. O desenho apresentava inversões significativas: o arco-íris de cabeça para baixo, e um ovo de Páscoa com um laço desencontrado. A sua casa não tem chão e nem paredes proporcionais para sustentar a sala de brinquedos, ou seja, o seu mundo lúdico, o seu imaginário. Irritado com o desenho, B. apenas retrucou: "eu não te disse que não sei desenhar casa?!" – ou seja, nada que represente um continente.[17]

O primeiro esboço de uma mulher, "A minha mãe" (Figura 1.3), foi feito numa velocidade tremenda, marca registrada, durante muito tempo, de todos os desenhos que fazia da figura feminina – e que representava a ansiedade de que era tomado ao desenhar uma mulher. Chama atenção a incompletude do desenho, pois a ausência de traços fisionômicos é rara em crianças dessa idade, que, em geral, representam as figuras humanas com uma cabeça grande, mas com olhos e boca nos lugares correspondentes. Essa figura feminina que ele nomeou como a sua mãe tinha os braços abertos, como que o convidando a abraçá-la, mas não tinha mãos e nem pernas. Vemos

---

17 Essa irritação com a precariedade de seu desenho reflete bem quanto ele estava inibido pela sua angústia, pois, após algum tempo de análise, ele de fato revelou-se um desenhista extremamente perfeccionista.

nesse desenho duas características supervalorizadas por ele e que representavam o feminino: cabelos longos e vestido de princesa (que encobria toda a parte do corpo abaixo do tronco). A incompletude da figura masculina é ainda maior no desenho "O meu pai" (Figura 1.4), composta apenas de tronco, pescoço e cabeça. O desenho, que mais parecia um lápis, ou, ainda, um pênis, carregava um atributo que B. considerava essencialmente masculino: o cabelo curto. Novamente não há traços fisionômicos, e sequer braços para contato com alguém.

Prosseguindo ainda com os comentários sobre esses desenhos, gostaríamos de enfatizar o quão intrigante era o fato de que, nas Figuras 1.2, 1.3 e 1.4, as representações das figuras humanas aparecessem sem olhos e bocas. O que significaria tal omissão numa criança que veio a se mostrar completamente siderada pela expressão fisionômica das pessoas? Haveria uma indiscriminação tão grande entre os três (pai, mãe e filho) que não lhes permitia ver um ao outro, ou falar entre si? Estaria esse amálgama ilustrado também pela ausência de esboço da parte inferior dos corpos e que traz contornos que denunciam a identidade sexual? Fosse como fosse, esses desenhos fortaleciam a minha certeza de que aquela criança estava angustiada demais e sem condições de encontrar uma expressão verbal para suas questões, e que, portanto, precisava mesmo receber uma escuta psíquica que lhe desse condições de elaborar suas demandas frente ao par parental. De minha parte, eu havia complementado aquela angustiante questão inicial dos pais ("será que ainda vai dar tempo?") da seguinte maneira: "será que ainda vai dar tempo de liberar essa criança dessa imago materna, onipotente e castradora, permitindo assim que ela possa constituir a sua identidade psíquica, sexual, sem esse peso esmagador?"

Embora sabendo que a expectativa dos pais nesses casos sempre recai na alteração do "desvio sexual", e que esse fator pode até conta-

62   DETERMINISMOS PARENTAIS

minar as metas do analista, não tinha a menor ideia do que poderia acontecer à medida que a análise transcorresse. No entanto, temia que a mãe não suportasse o enfraquecimento do vínculo que unia seu filho a ela e cortasse o processo de análise antes do tempo ideal. Levando em conta que estávamos atravessando tempos preciosos de organização egoica, decidi propor que a análise caminhasse com uma frequência semanal de quatro sessões[18] e com encontros eventuais com os pais para que discutíssemos algumas condutas que pudessem ajudar a desenvolver a independência de B.

No encontro que tive com os pais para apresentar essa proposta terapêutica, a mãe ponderou que não daria conta de um trabalho conjunto e, que se fosse mesmo necessária a participação dela no processo, preferia ter uma outra psicóloga para trabalhar essa necessidade de se desgrudar do filho, pois imaginava mesmo que lhe seria muito difícil suportar o processo. Abordamos, inclusive, a possibilidade de ela vir a ter raiva de mim, por eu ousar intervir numa relação tão complexa. Assim, houve o encaminhamento dela para um processo analítico com outra profissional.

Entre outros assuntos abordados nessa entrevista, a mãe se queixou muito de que o marido não se engajava em nenhuma atividade ou brincadeira com o filho – mas, segundo ele, nada do que propunha agradava à criança, que só se interessava em lhe pedir bonecas. Queriam saber como se posicionar diante desse pedido, pois o pai ficava atordoado. Exemplificaram essa situação com a narrativa de um fato ocorrido no dia do quarto aniversário de B., quando o pai o levou a uma loja de brinquedos e disse que poderia

---

18   Vale ressaltar que, nessa época, eu atendia todas as crianças num ritmo de três sessões semanais. No entanto, devido à complexidade do caso e à provável interrupção a que estaria sujeito o tratamento caso afetasse a estrutura familiar, decidi fazer a proposição de quatro sessões semanais.

escolher o presente que quisesse. Ele então correu e escolheu uma Barbie; o pai ficou desorientado, sem saber o que fazer. Na hora de passarem no caixa, alegou que estava sem o seu talão de cheques e que por isso não podiam comprar nada. Cena que ilustra maravilhosamente bem a ambiguidade do pai e nos deixa entre duas questões: ou o pai não tinha o desejo de virilizar esse menino, ou não conseguia enunciar esse desejo. Em razão de estarmos no final de nosso horário, eu apenas ponderei que esconder as bonecas de nada adiantava e que a análise tentaria ajudá-lo a extravasar essas fantasias, trabalhando com bonecas que ele mesmo produzisse.

2. Os primórdios da inveja

"A inveja é a tristeza quanto às
coisas boas de outrem."
São Tomás de Aquino, *Suma teológica*[1]

Em suas primeiras sessões, B. apresentou-se extremamente ansioso. Costumava ficar bem grudado em mim, quase em meu colo – repetindo, portanto, a tentativa de adentrar o corpo da mulher/mãe, o que é típico em crianças que não tiveram continência psíquica. Em sua primeira sessão de análise, recebeu a chave da sua caixa lúdica e a explicação de que somente ele poderia abri-la.[2] Contudo, ao sair da sessão, cruzou na sala de espera com uma menina pequena, que também estava com uma chave na mão. Entrou em pânico dizendo: "Ela também tem a chave... Ela também tem a chave..." Logicamente,

---

1 II-II, questão 36, art. 1. Citação extraída do artigo "Inveja, narcisismo e castração" (Mezan, 1995b, p. 223).

2 Essa consígnia da escola kleiniana era uma maneira de demarcar o pacto de segredo que se estabelece entre o que é tratado na análise da criança e nas entrevistas com os pais.

66 OS PRIMÓRDIOS DA INVEJA

a sua primeira fantasia foi a de que eu distribuía a mesma chave para que as crianças abrissem sua caixa – fantasia que, além de ser uma genuína expressão da desconfiança na minha capacidade de guardar os segredos dele, evidenciava quanto ele se sentira ameaçado pela presença da menina. Apesar do esclarecimento de que a menina tinha de fato uma chave, mas que era da caixa dela, ele continuou muito aflito nas sessões seguintes, querendo saber o que havia no interior da tal caixa. Imaginava que todas as outras caixas deveriam ter coisas melhores, principalmente a da menina. Na sua lógica, provavelmente, ela tinha "o melhor" porque era mulher. A acusação que subjazia, transferencialmente, era de que a mãe/analista não lhe dava o que precisava, e isso acontecia porque ele não era uma menina. O seu incômodo quando encontrava com outros clientes na sala de espera evidenciava quanto ele gostaria de ser o único: único cliente, único filho – desejo narcísico que também visava que não dessem a outra criança o que imaginava que não lhe davam.

Nesses primeiros tempos de análise, sua ansiedade foi gradativamente diminuindo, e sua habilidade em desenhar foi sendo cada vez mais exercitada, permitindo que ele produzisse alguns desenhos significativos, que eram complementados por colagens feitas com recortes daquela revista *Amiga* da sessão ludodiagnóstica, que, de tanto ser usada, precisou ser incluída em sua caixa. Ele esmerava-se em várias montagens: a cara de uma mulher, com o corpo de outra, com a roupa de outra... Todas eram fragmentadas e chamadas pelo nome Angélica, e quando foi questionado se havia alguma correlação entre essa apresentadora e sua mãe, ele passou a denominá-las "mamãe". O colorido exacerbado que, com giz de cera, ele dava a essas mulheres, que ainda não tinham rosto, pode ser exemplificado pela Figura 2.1, denominada por ele "A Angélica". Esse protótipo permitia montagens, uma vez que o espaço vazio do rosto era preenchido com rostos recortados da revista. Podemos observar o esmero com o penteado, o vermelho bem vivo da blusa, a saia esvoaçante.

Depois de muito trocar esses rostos, ele fez um acréscimo significativo no desenho: uma flor bem vermelha que ia ser cortada por uma tesoura que estava na mão de alguém. Essa alusão ao seu complexo de castração evidenciava o seu temor maior: o de que um ícone da feminilidade (a flor) pudesse ser cortado.

Figura 2.1 A Angélica.

68   OS PRIMÓRDIOS DA INVEJA

Algumas vezes não fazia protótipos como esse anterior e anunciava que faria o desenho do rosto da mãe, indo, constantemente, até a sala de espera para copiar os detalhes, para que seu desenho ficasse bem parecido com a modelo original. Sempre que fazia isso, curiosamente, desenhava no verso da mesma folha o rosto do pai – como se eles fossem verso e anverso um do outro. Representação que mais parecia uma ilustração do conceito kleiniano da "figura combinada dos pais", primeiro esboço de uma fantasia típica do estágio mais inicial do complexo de Édipo e que surge no imaginário infantil no segundo semestre de vida, por ocasião do desmame. Essa fantasia representa a percepção mais primitiva da entrada de um terceiro elemento na relação exclusiva com a mãe, justamente na época em que o bebê está percebendo que a fonte de alimento (o leite), ou, como gosto de dizer, "o poço de petróleo", está fora do seu corpo. Ou seja, essa representação inaugural de "um terceiro" está na base da construção das futuras triangulações postuladas pela psicanálise,[3] trazendo em seu bojo o incômodo dos movimentos invejosos do bebê que o levam à convicção de que a mãe agora dá a outrem (o pai) aquilo que até então era só seu. Na esteira desse movimento invejoso do bebê reside a certeza de que os pais estejam sempre obtendo gratificação sexual um do outro e que, portanto, estão sempre combinados. Portanto, a figura combinada dos pais é uma percepção inerente do pai a residir nas entranhas da mãe.

Klein descreveu essa fantasia como uma consequência da frustração e raiva que o bebê sente do corpo da mãe e dos impulsos orais, vorazes, que levam o bebê a querer penetrar no corpo da mãe para roubar os seus conteúdos, ou, ainda, para destruí-los. No

---

3   Todos os analistas de crianças bem pequenas conhecem a riqueza dos desenhos produzidos por elas, que ilustram maravilhosamente bem essa fantasia da "figura combinada dos pais" – desenhos em que os corpos dos pais obtêm prazer da mesma genitália.

entanto, tal intenção faz com que esses objetos incorporados virem perseguidores internos.

"A fúria e a raiva do bebê levam-no a impregnar essa relação de tanta violência entre os pais quanto a que está sentindo em relação a eles [...]. A figura combinada dos pais é um dos perseguidores mais terríveis nas *dramatis personae* da infância" (Hinshelwood, 1992, pp. 338-339), sendo, desde então, fonte de angústia e medo.

Um problema que poderá advir dessa situação mental é que

> *se essas ansiedades vigorarem de maneira intensa e, portanto, prolongarem-se demasiadamente, pode haver, como consequência, uma perturbação duradoura na relação com ambos os pais [...], relação que pode ser afetada pela força de sua inveja e pela intensidade de seu ciúme edipiano (Klein, 1957, p. 229).*

Um outro alerta que Klein nos lançou em seus escritos faz com que a atenuação dessa fantasia seja uma das metas a serem perseguidas em análise, pois, "se a separação dessa imago dos pais combinados não ocorrer em grau suficiente no curso do seu desenvolvimento, a criança será acometida por perturbações graves tanto em suas relações objetais quanto na sua vida sexual" (Klein, 1932, pp. 270-271).

Mas, independentemente da possibilidade desses desenhos que ora comentamos serem uma representação da figura combinada dos pais,[4] o que importava mesmo era que B. enxergava, claramente, a situação de seus pais: um bloco monolítico, fusionado em um só corpo e uma só cabeça – percepção que obstaculizava o

---

4   Em outros momentos da análise, surgirão outras expressões até mais nítidas da fantasia da "figura combinada dos pais", como poderá ser observado nas sessões do baile do casamento descritas no Capítulo 3.

desenvolvimento das discriminações necessárias para a representação da diferenciação anatômica entre os sexos, tanto é que ele logo expressou essa fusão entre os corpos por meio da eleição de um forte símbolo identificatório, um significante que expressava, de modo magnânimo, essa confusão: a sereia.

As sessões passaram a ser verdadeiras oficinas para fabricação de sereias. O interessante é que somente eu podia desenhá-las, e quando questionei a razão de tamanho interesse pela sereia, ele respondeu: "são mulheres que não têm terereca!", afirmando em seguida, categoricamente, que tinha "terereca". Afirmação que, se por um lado podia nos levar à dedução direta de que ele não era uma sereia, já que tinha "terereca", por outro lado, foi acompanhada de uma atitude enfática, surpreendente, e que evidenciava a instalação da recusa (*Verleugnung*): abaixou a calça para que eu visse a sua "terereca".

B: "Tá vendo?"

A: "Eu estou vendo um pinto e um saco, mas você parece ter certeza absoluta de que é uma terereca que está aí!"

Ele confirmou, fazendo um gesto de quem está cortando o pinto e jogando fora, na direção da lata de lixo. Eu manifesto que entendi o seu gesto, e ele não só confirma o que havia feito, mas também levanta a blusa para me mostrar outro fruto de sua imaginação: o sutiã que usava.

Naquele momento, ao ser surpreendida pela sua atuação de abaixar as calças para que eu pudesse ver o que ele queria ver, uma "terereca" no lugar do pinto, julguei ser importante contradizer a sua afirmação categórica, dando a ele um referente real do que poderia ser visto por todos. Aliás, eu poderia inclusive ter feito referência à outra lógica binária que ele estava criando: uma diferenciação entre as sereias, mulheres que não tinham "tereca" e sim um rabo muito fálico, como ele via sua mãe, e mulheres que negavam ter pinto, acreditando ter "tereca" e usar sutiãs – e com as quais ele queria ficar identificado. Algo como se ele classificasse: há mulheres fortes, fálicas (metade mulher/metade homem) e outras que, como ele, eram apenas mulheres, com "tereca" e seios. Era a essa última classificação que ele queria pertencer? Poderíamos ver nessa cena impactante o seu desespero em produzir, a qualquer preço, um posicionamento subjetivo, uma discriminação dentro daquela bissexualidade reinante no par parental?

Seja como for, a cena evidenciava que o mais importante mesmo era identificar-se plenamente com uma imagem fascinante de mulher, ainda que para tanto fosse preciso uma renúncia narcísica, desdenhando o seu corpo real.

O aditivo à inveja primária

A confusão em que ele estava imerso quanto às possibilidades de ser mulher, como uma sereia sedutora e fálica, ou como uma mulher sexuada e deslumbrante, impediu-o de perceber que havia algo entre nós dois... um terceiro, presente naquela sala e naquela relação que estava se iniciando: eu gestava um bebê. Mas como aguardava uma brecha para comentar o assunto com ele, aproveitei o pretexto da sua chegada carregando um coelho de pelúcia para contar a ele que estava entre o quinto e o sexto mês de gestação.

B. teve muita dificuldade em acreditar que havia um neném dentro da minha barriga, mas, bruscamente, encerrou a conversa colocando o coelho debaixo de sua blusa e indo embora "grávido" também. Esse movimento de não suportar a diferença, de não suportar um terceiro, ilustra bem a ideia de Mezan (1995a) de que o invejoso só sabe contar até dois. Essa necessidade de mimetizar o meu corpo contendo um bebê em meu ventre repetiu-se em várias sessões, acompanhada de um longo silêncio durante todo esse tempo. No entanto, uma rica produção fantasmática jazia sob a ausência de palavras, e foi finalmente expressa na Figura 2.2, em que ele desenhou o meu ovo.

Figura 2.2 O ovo.

Essa representação gráfica foi muito significativa por ser o primeiro desenho de mulher com a marca da genitália, e também por expressar a força das defesas psíquicas vinculadas à negação e que muitas vezes demandam a distorção da realidade. No imaginário infantil, o ovo costuma estar vinculado à ideia da reprodução realizada apenas pela fêmea da espécie, ou seja, costuma ser uma das expressões eleitas para dar vazão às protofantasias acerca das origens. Vemos nesse desenho a marca da completude que ele imaginava ser ideal num ser humano, pois o contorno dos braços e dos pés lembravam duas protuberâncias que completariam essa fantasia: os seios e o pênis. Mesmo assim, como se isso não bastasse, tão logo terminou o desenho, apenas comentou: "Ah... espera um pouco!", e, com um lápis rosa, acrescentou um risco para fora do corpo da mulher, na direção da genitália; logicamente, acrescentou a essa imagem da mulher fálica, grávida, um pênis cor-de-rosa. O mais curioso é que há no desenho uma inversão da situação real: em vez de eu, grávida, estar com um ovo dentro da barriga, eu é que estava dentro de um ovo e visivelmente não grávida (como indicavam os rabiscos que acentuavam a retidão da barriga). O desenho parecia retratar o momento exato do nascimento, uma vez que o ovo parecia estar se partindo, como podemos ver pelas cascas quebradas que estavam se soltando.

Apesar de ele não ter concordado em falar sobre esse desenho, a dinâmica que se desenvolveu após algumas sessões acabou dando vazão a suas associações. Isso aconteceu num dia em que chegou chateado, mostrando-me que a Barbie de papel, que eu havia desenhado, colorido e recortado para ele e que ia e vinha diariamente, estava estragada, pois a lata onde ele a guardava havia estragado a boneca. Pediu que eu fizesse outra, mas sugeri que poderíamos reforçá-la com papelão e, quando fomos recortar o desenho da silhueta da Barbie, ele deu um tapa na minha barriga e ficou tentando espremer o bebê: "vai virar um suco, e eu vou tomar!"

Imediatamente, coloquei limites, dizendo que ele somente poderia fazer aquilo no papel – desenhando, depressa, uma mulher grávida, com um neném na barriga. B. recortou o bebê da barriga da grávida, amassou-o e, literalmente, comeu-o.

A: "Agora o neném está na sua barriga!"

Ele estufou a barriga com se estivesse grávido e, em seguida, amassou a mulher e também a mastigou.

A: "Agora eu estou aí dentro de você!"

Ele riu.

A: "Você fica com inveja e raiva de eu ter um neném e por isto engoliu nós dois!"

Ele concordou e respondeu: "Vou lavar o chão para você!" [lavando e ensaboando duas pedras do piso].

Eu fiz menção à sua necessidade de lavar o que sentia estar sujo nessas ideias invejosas e destrutivas.

Essa sessão nos mostra a presença de um funcionamento psíquico muito primitivo em B., no qual reinavam os movimentos de incorporação como modo real de apropriação mágica dos atributos do outro. O seu *acting* de engolir o bebê e logo depois a analista foi a expressão concreta da inveja incontrolável da capacidade procriativa da mulher. Além do mais, essa atuação atendia, simbolicamente, à sua necessidade de, a um só tempo, eliminar um rival que denunciava dois fatos que ele não podia suportar: primeiro, que não era exclusivo na minha vida e, segundo, que não tinha um bebê em sua própria barriga. A intensidade desse ódio invejoso, diante das limitações que a realidade lhe trazia, deixou-o invadido pela culpa, e ele se impôs como punição uma tarefa que julgava humilhante, a de lavar o chão. Tarefa que talvez tivesse a função de minimizar um possível revide meu e que representava a primeira aparição, em análise, de um temor de retaliação – manifestação clara de que ele estava invadido por ansiedades persecutórias.

Essa temática da inveja da minha gravidez acabou tendo um desfecho, alguns meses depois, com a execução de um plano que parece também ter sido gestado em silêncio e paulatinamente: B. entrou na sala e, numa rapidez impressionante, com uma das mãos levantou minha blusa e, com a outra, puxou uma espingarda de espoletas que estava enfiada na parte de trás de sua blusa, encostou o cano na pele da minha barriga e deu um tiro. Imediatamente voltou com a espingarda para o "coldre" e deu início às suas atividades habituais de desenho, como se nada tivesse acontecido. Sem dúvida alguma, matar o rival dessa maneira visava atacar a imagem de completude que tanto o angustiava e vinha sendo projetada em mim.[5] Além do mais, esse tiro era também o revide do efeito do "tiro" das minhas palavras quando lhe anunciei que estava grávida. Isso foi demais para ele, pois, por mais que imaginasse que para ser mulher bastava extrair o pênis e colocar um sutiã com enchimento nos seios, a gravidez era o símbolo da diferença que ele não poderia mascarar.

De minha parte, o susto com o barulho da espoleta foi tão grande que eu mal senti as minhas pernas e, quando consegui dizer algo, ele já estava completamente ensurdecido e alheio, não aceitando uma palavra sequer sobre o assunto. Permaneceu assim durante o tempo que faltava para as férias e nunca mais fez perguntas sobre o bebê.

As características intrínsecas à função analítica costumam nos fazer pensar que analistas, como as enguias, não têm sexo, ou

---

5 Movimento que ilustra bem quanto a inveja é fruto da projeção de uma idealização.

76 OS PRIMÓRDIOS DA INVEJA

seja, sobre a sua imagem serão projetados conteúdos do mundo fantasmático do cliente independentemente de qual seja o seu sexo. No entanto, há especificidades em que esse elemento, com certeza, fará diferença – como no caso da gravidez da analista, evento da vida pessoal, mas que se torna presente no campo dinâmico da relação com os clientes. Essa é uma situação que promove uma forte mobilização na relação transferencial, podendo até mesmo contribuir de modo positivo com o processo analítico, na medida em que facilita tanto a revivescência das situações regressivas com relação à figura materna quanto a reedição das rivalidades fraternas.

A invasão por um terceiro numa relação tão íntima como é a relação analítica abre um leque de reações peculiares que vão desde aqueles clientes que se negam a enxergar a transformação no corpo da analista até o final da gestação, ficando estupefatos quando são comunicados do afastamento da profissional para gozar da licença-maternidade, até os que percebem, comentam, mas passam a relatar, detalhadamente, casos de pessoas conhecidas que tiveram a gestação interrompida por esse ou aquele motivo. Se reações como essas são apresentadas pelos adultos, que costumam reprimir mais seus impulsos agressivos em relação ao analista, imagine só a reação das crianças! Para começar, essas são as primeiras a perceber o estado diferente da analista, antes mesmo que apareçam as evidências do volume na barriga. Ou seja, percebem a mudança na expressão facial e logo expressam a certeza da gravidez, quer seja por meio de desenhos de mulheres bem gordas, quer de atitudes como a de mandar a analista se assentar num canto apertado. No entanto, quando têm a sua percepção confirmada, muitas ficam possessas e constroem fantasias de que foram traídas por esse ou aquele paciente, geralmente algum outro pequeno cliente que já tinha sido eleito como rival e agora será indicado como pai do bebê e que, por isso mesmo, passará a receber o tratamento merecido: esbarrões, trombadas, tombos, provocados pelo enciumado.

Enfim, por causa de toda a inveja que mobiliza, o período de gestação da analista acaba sendo extremamente tumultuado na clínica infantil, exigindo dela cuidados especiais no manejo transferencial. No caso de B., tal situação não poderia ser diferente, considerando, aliás, que o esperado era que fosse até pior, pois, como nos disse Klein, todas aquelas pessoas que não foram capazes de vivenciar felicidade na relação mãe-bebê têm muita necessidade de idealizar tanto essa relação quanto a situação pré-natal. Esse movimento de idealização podia ser perfeitamente observado em um desenho (Figura 2.3, "A tia Cassandra"). Podemos observar que sobre minha cabeça pairava um sol, e meu corpo esguio (evidenciando a negação da gestação, uma vez que eu me encontrava com a barriga bem grande) era ladeado por corações e outro sol. Representação por si só muito preocupante, pois sabemos bem que "idealização excessiva indica que a perseguição é a principal força propulsora" (Klein, 1957, p. 224). Mesmo que me mantivesse atenta para não deixar que essa idealização ganhasse cada vez mais vigor, o fascínio de B. pela feminilidade logo instaurou um movimento monumental de inveja de mim que, a seus olhos, comprovava, com minha gravidez, a minha condição de mulher genuína.

78 OS PRIMÓRDIOS DA INVEJA

Figura 2.3 A tia Cassandra.

A metapsicologia da inveja

    Por tudo que vimos até agora, creio ser importante nos determos, por um tempo, em um estudo mais pormenorizado acerca da inveja, que era naquele momento o afeto predominante no material clínico.

Procurando o assunto na obra de Freud, podemos ver que ele, mesmo dando uma dimensão narcísica à inveja, tratou-a como uma noção um tanto ou quanto vaga, à qual fez breve menção em obras como *A interpretação dos sonhos* (1900); *Romances familiares* (1909[1908]); *Totem e tabu* (1913[1912-1913]; *O estranho* (1919); "A psicogênese de um caso de homossexualismo numa mulher" (1920). Nessas ocasiões, a noção apareceu quase sempre vinculada à rivalidade por amor, ou seja, como nos diz Mezan (1995a), uma consequência da triangulação, que ora aparece na rivalidade entre irmãos, ou com nossos superiores, e ora na inveja que sentimos dos mais jovens, dos que têm privilégios ou, ainda, daqueles que ousam quebrar um tabu.

No entanto, em vez de dar prosseguimento à riqueza de um recorte mais detalhado dessas citações freudianas, que, como acabamos de dizer, indicam a possibilidade de um terceiro que perturbe a relação amorosa, vou preferir privilegiar o foco que, aliás, o próprio cliente estava dando à sua inveja: deixando-a imersa num mundo fantasmático de objetos parciais (sobreposição de pedaços de mulher) e de movimentos de incorporação (tomar o bebê como um suco ou, literalmente, mastigar e engolir os desenhos do bebê e da analista). Ou seja, estou optando por investigar a constituição mais primitiva da inveja, a inveja oral, que tem na metapsicologia kleiniana um estatuto de operador conceitual que modula a relação com o objeto, a ponto de interferir na constituição psíquica do sujeito.

O texto magistral sobre esse assunto é *Inveja e gratidão* (1957), escrito por Klein num momento de muita maturidade teórica, em que já havia elaborado os conceitos de "posição esquizoparanoide" e "identificação projetiva". Essa experiência chamou a atenção para uma importante diferença: se, até então, acreditava-se que a pulsão de morte era sempre desviada para fora, para um objeto escolhido como "mau", a novidade apresentada por Klein apontou para a observação da fantasia predominante nos esquizofrênicos, qual seja,

80 OS PRIMÓRDIOS DA INVEJA

a de ingressar em um objeto "bom" e estragá-lo. Atribuindo-lhe o significado de expressão de um movimento invejoso, que dificultava a integração do objeto "bom" com o objeto "mau" e, portanto, a passagem da posição esquizoparanoide para a posição depressiva, Klein notou que a inveja representava também uma defesa contra a depressão (Hinshelwood, 1992).

A partir de então, essa tendência de estabelecer relações hostis com o objeto "bom" – justamente aquele que satisfaz os impulsos libidinais e que por isso mesmo será atacado – passou a ser identificada e definida na metapsicologia kleiniana como inveja:

> *A inveja é o sentimento raivoso de que outra pessoa possui e desfruta algo desejável – sendo o impulso invejoso o de tirar este algo ou de estragá-lo. Além disso, a inveja pressupõe a relação do indivíduo com uma só pessoa e remonta à mais arcaica e exclusiva relação com a mãe (Klein, 1957, p. 212).*

Portanto, nessa concepção, a inveja é um ataque destrutivo às fontes da vida, ao objeto bom, não ao mau. É de origem inata, porque é da dotação pulsional, e exige o mecanismo da cisão como defesa arcaica que, acontecendo em níveis normais, irá criar a separação fundamental entre o amor e o ódio, o objeto bom e o mau. Quando esse processo não for bem-sucedido, a inveja poderá reforçar as defesas mais primitivas, como a onipotência, a negação e a idealização[6] – mecanismos de defesa comuns entre a inveja e a posição esquizoparanoide.

---

6   Um bom exemplo de reforço da idealização é a criação de um objeto originário onipotentemente idealizado e um objeto originário muito mau.

Segundo Klein, há uma variedade infinita de defesas frente às angústias despertadas pela inveja excessiva do objeto primário, e ela descreverá algumas delas. Além da idealização, que acabamos de ver, a desvalorização do objeto será uma forma de ele não precisar mais ser invejado – movimento que logo se estenderá ao objeto idealizado e poderá até se tornar um traço característico de todas as relações de objeto, e, inclusive, ser observado na situação transferencial.

Uma outra defesa para contrabalançar a inveja está associada à voracidade: o seio é vorazmente internalizado na mente do bebê, tornando-se inteiramente uma propriedade sua. Mas, exatamente devido a essa possessividade poderosa e violenta, o objeto bom logo será transformado num perseguidor destruído, e as consequências da inveja não serão impedidas. Um outro exemplo de defesa também muito ineficiente será o recurso de suscitar inveja no outro, alardeando os próprios sucessos e posses. Esse desejo de triunfar sobre as pessoas amadas provoca culpa, prejudica a fruição das posses enaltecidas e aumenta a inveja. Duas outras defesas seriam o abafamento dos sentimentos de amor e a correspondente intensificação do ódio; ou, ainda, o ato de se retirar do contato com as pessoas.

Portanto, não apenas a inveja, mas também as defesas suscitadas por ela irão se constituir em poderosos obstáculos à internalização do que o analista tem a dar, por exemplo, uma interpretação proveitosa. Os círculos viciosos da inveja conduzem a diversas ansiedades paranoides, que fazem parte da reação terapêutica negativa e somente irão ceder após um longo trabalho que ajude o cliente a fazer face à inveja primária e ao ódio, ajudando-o a sentir gratidão, que é o sentimento específico por um objeto que constitui fonte de gratificação. A esse final feliz, apenas algumas análises irão chegar, pois não podemos nos esquecer de que "a inveja é um fator muito poderoso no solapamento das raízes dos sentimentos de amor e de gratidão, pois ela afeta a relação mais antiga de todas, a relação com a mãe" (Klein, 1957, p. 207).

82 OS PRIMÓRDIOS DA INVEJA

Após termos apresentado as principais ideias kleinianas acerca da inveja, o estudo de dois outros textos pode aumentar a nossa compreensão do assunto. São eles os artigos "Desejo e inveja" (1995a) e "Inveja, narcisismo e castração" (1995b), ambos de autoria de Renato Mezan. Escritos com a clareza e o detalhamento que marcam seu estilo, esses artigos pretendem, inicialmente, apresentar os pontos de convergência e divergência da noção de inveja na obra de Freud e Klein e depois se embrenham, sobremaneira, na produção kleiniana.

Mezan parte da hipótese de que a noção de inveja traduziria uma relação intrínseca entre desejo e angústia, pois ninguém inveja o que lhe parece desprovido de valor, princípio ao qual acrescenta o registro de que a posição da inveja no diagrama teórico irá variar de acordo com o papel fundamental que o objeto da inveja desempenha nos dois modelos: em Freud, a inveja essencial concerne ao pênis, pois a sexualidade ocupa o centro do sistema freudiano; em Klein, a inveja essencial concerne ao seio, referente que representa a completude fálica da mãe e que introduzirá a frustração e a percepção da dependência da criança em relação à mãe. "Mas em ambos os modelos, seio ou pênis estão associados à angústia mais fundamental do ser humano: a angústia de castração em Freud, a angústia de aniquilamento em Melanie Klein" (Mezan, 1995a, p. 105).

Uma possibilidade de convergência entre as ideias desses dois pensadores poderia advir do próprio postulado kleiniano de que o que é invejado é a abundância do seio. Segundo Mezan, para acompanharmos a realização alucinatória do desejo de união com o seio, poderíamos perfeitamente dispensar a estranha crença de Klein de que "o bebê possui um conhecimento inato de que fora dele existe um objeto capaz de satisfazer todas as suas necessidades", e simplesmente reconhecermos a necessidade do ser humano, "justificada tanto pela dor da falta quanto pela angústia de indiferenciação", de encontrar um objeto parcial, seio, pênis ou seja lá o que for, que seja capaz de sustentar uma projeção da onipotência originária.

> *Neste caso a inveja seria uma tentativa de reapropriação da onipotência perdida, numa oscilação que produz a parcialização de o objeto suposto completar novamente a integridade narcísica, ao mesmo tempo em que esta integridade jamais se completa, porque sua completude significaria o retorno ao indiferenciado (Mezan, 1995a, p. 234).*

Assim, a ilusão de recuperação dessa integridade narcísica é que criaria o circuito invejoso: a projeção do ego ideal sobre outrem levaria ao agravamento do sentimento de inferioridade e às tentativas de desfazer a projeção por meio de um ataque destinado a privar o outro (a mãe, em primeiro lugar) do gozo proporcionado pela coincidência com o ideal. Por isso é que a inveja, desde os tempos de Aristóteles, está invariavelmente mais associada a uma intenção secreta de prejudicar, ou seja, de privar o outro daquilo que o gratifica, do que de uma intenção de possuir esta coisa. O impulso destrutivo é que faz com que o "bem invejado" deva ser um objeto parcial, cujo "deslizamento e finitude" garantam sua "separabilidade e fragilidade" (Mezan, 1995b).

Levando em conta todos os movimentos invejosos que o nosso cliente teve até o momento, penso que seria útil elegermos a "inveja" como um importante referente conceitual para avaliarmos, ao longo de sua análise, o avanço que ele estaria tendo em relação à elaboração daquilo que Mezan nomeou em seus textos como "o luto impossível da onipotência perdida" (1995b, p. 235). Além do mais, sabemos que o recrudescimento da inveja permite a organização da posição depressiva, que prepara a estruturação tanto das

84   OS PRIMÓRDIOS DA INVEJA

vivências edipianas quanto a elaboração das angústias castrativas. Assim, no Quadro 2.1, "As facetas da inveja primordial", apresentaremos as palavras usadas por Mezan no texto "Inveja, narcisismo e castração" (1995b) e que, no meu entender, definem bem cada uma dessas seis facetas.[7] Se aplicarmos esse quadro ao material clínico que recolhemos até o momento, podemos dizer que a Figura 2.3 retrata muito bem o movimento de idealização com que B. recobria a minha imagem naquele momento: eu estava iluminada e deslumbrante de vestido longo e esvoaçante, cabelos fartos e brincos grandes. Mas, como é justamente essa projeção da idealização que desencadeia o caráter cíclico da inveja, podemos verificar que, ao vivenciar minha gestação como uma contingência que demarcava a diferença entre ambos, ele naturalmente só podia mesmo buscar a anulação da diferença, necessitando, então, ficar todo o tempo com um filho (ursinho) debaixo da camiseta. Já havíamos percebido que a vinculação da inveja com a fase fálica estava produzindo fantasias como a da identificação com a sereia, que reunia em si, de modo unívoco, o atributo fálico. Quanto ao movimento psíquico de transformação da inveja no contrário, o desprezo, só o havíamos observado em dois momentos: quando B. fez o gesto de se autocastrar e quando passou a fazer de conta que eu não estava grávida.

Observemos agora os registros feitos no Quadro 2.1, pois esperamos que esse recurso didático possa nos ajudar, mais à frente, a acompanhar não só a presença da inveja no material clínico, mas também o aumento ou a diminuição da sua intensidade.

---

7   O recorte que fizemos nesse texto e os grifos correspondem diretamente aos pontos que pretendemos destacar nas análises que faremos.

Quadro 2.1 As facetas da inveja primordial

IDEALIZAÇÃO	"O atributo invejado corresponde manifestamente a uma cristalização do narcisismo infantil, já que é suposto *proporcionar àquele que o possui uma perfeição e uma completude que originalmente pertenceram ao próprio sujeito*: trata-se de um *deslizamento do ego ideal*, projetado e parcializado num atributo específico" (pp. 234-235).
ANULAÇÃO DA DIFERENÇA	"A inveja buscaria, assim, *anular o intervalo, a diferença, que separa um sujeito do outro*; as marcas da finitude, sempre dolorosas, constituiriam a mola propulsora do impulso invejoso" (p. 235).
VINCULAÇÃO DA INVEJA COM A FASE FÁLICA	"A inveja teria, assim, uma longa pré-história, até efetuar sua associação com o complexo de castração; mas aqui encontraria um terreno fértil, *tendo, com as fantasias de castração, uma 'afinidade eletiva'*. Com efeito, a lógica da castração opera com um 'sim' e um 'não': Ter o pênis ou não tê-lo, ou, mais amplamente, *ter o atributo valorizado ou não o ter*. Não há dois atributos positivos, como vimos anteriormente, tais como o pênis e a vagina; *existe apenas um*, cuja posse por outrem me priva automaticamente da possibilidade de possuí-lo por minha vez" (p. 227).
CARÁTER CÍCLICO	"O caráter cíclico da inveja: como o mau infinito hegeliano, ela é *oscilação contínua*, sendo a angústia da falta imaginariamente neutralizada pela ideia da posse futura, que por sua vez, se realizada, desencadearia outra angústia mais aterrorizadora. Não podendo receber o que lhe falta, o invejoso recorre à miragem da destruição no outro daquilo que imagina faltar-lhe porque o outro o detém e dele frui" (p. 236).

(continua)

86 OS PRIMÓRDIOS DA INVEJA

Quadro 2.1 As facetas da inveja primordial *(continuação)*

TRANSFOR-MAÇÃO NO CONTRÁRIO	"A defesa mais comum contra a inveja é a sua transformação no contrário, isto é, *no desprezo*, que nada mais é do que uma idealização invejosa invertida. Se há necessidade desta defesa é porque o ciclo da inveja nunca sai, por assim dizer, do mesmo lugar. Lugar, aliás, interno ao sujeito; pois se a origem da inveja é a projeção agressiva do ego ideal no outro, é bem verdade que este 'bom' projeto deixa o sujeito exposto ao ataque interno do 'mau', quer seja este mau compreendido em termos kleinianos, como 'mau objeto', seja, em termos freudianos, definido como as pulsões 'más'" (p. 236).
ATAQUE À CRIAÇÃO	"A Afinidade eletiva estabelecida por Klein entre o afeto invejoso e a capacidade de criar encontraria, em considerações desta ordem, uma explicação menos fantasiosa: pois o próprio da criação é surgir da conjunção de dois e resultar num terceiro, obra ou filho, a ser separado daquele ou daquela que o engendrou com o concurso de outrem. *A criação é assim prova palpável da finitude*, ou seja, precisamente daquilo que o invejoso não pode suportar nem como presença, nem como ausência: de onde o ataque ao que supõe ser fonte da criação, isto é, o seio materno" (p. 236).

Fonte: Mezan (1995b).

O deslumbre com os adornos femininos

As pesquisas de B. acerca da beldade feminina prosseguiram por meio de uma boneca de papel que foi feita para representar sua mãe. Era recoberta por inúmeras roupas, coladas a seu corpo, uma em cima da outra, porque ele achava que nenhuma delas ficava bem. Talvez essa dificuldade remetesse a uma questão mais profunda: a de como juntar aquelas duas imagos, a da mulher/sereia/fálica e a da mulher/deslumbrante/sexuada. Uma outra figura muito desenhada era a de uma menina a quem ele nomeava de prima, mas que tinha o mesmo nome da tal vizinha que queria ser menino. Chamava minha atenção a impossibilidade de esses desenhos terem vida própria, ou seja, participarem de algum tipo de dramatização. Fato que mostrava que ele era uma criança que vivia em nível bidimensional – não tinha profundidade psíquica! Como foi um bebê que não teve continente para seus afetos, agora não tinha continente interno, razão pela qual seu afeto ficava espalhado. No lugar do afeto, ele se agarrava a uma falsa pele estética composta de roupas e adornos femininos.

No entanto, em uma das sessões dessa época, surgiu um movimento novo: ele começou a se lamentar pelo "apagamento" das representações masculinas e, aos prantos, enquanto denunciava o sumiço do Bob (o namorado da Barbie, um boneco de papel), pedia que um outro Bob lhe fosse feito. Vale lembrar que ele já havia perdido esse boneco anteriormente e que quando comentei, naquela ocasião, que essa era uma prova viva de como ele dava pouca importância para a figura masculina, ele havia concordado, respondendo: "É! O Bob não interessa!".

O estranho é que, paradoxalmente, ele também vinha armazenando em sua casa inúmeras Barbies de papel, que me pedia para fazer, mostrava para a mãe e depois não trazia de volta, alegando que havia perdido ou que o irmão pequeno havia rasgado. Junto dessas bonecas, que tinham de ter cabelos longos (pois ele estava inconformado por a mãe manter na atualidade os cabelos bem curtos), ia todo um guarda-roupa de vestidos e enfeites femininos desenhados para cada boneca. Estaria abastecendo seu estoque de conteúdos femininos e com isso ofuscando ainda mais os conteúdos masculinos? Ou apenas abastecendo-se de possibilidades identificatórias, uma vez que, daí a um tempo, eu teria de me afastar da função analítica para ter o bebê?

88 OS PRIMÓRDIOS DA INVEJA

Enquanto esse dia não chegava, ele costumava ficar fascinado com os meus batons, querendo saber qual a cor exata e onde eu os comprava. Certo dia trouxe um pé de piano de brinquedo (cor-de-rosa) escondido no bolso e ficou a sessão inteira, sensualmente deitado, passando-o nos lábios, como se fosse um batom. Tal fascínio pelos adornos femininos acabou por se particularizar na sessão que narrarei a seguir.

B. chegou à sessão com um embrulho feito em papel de "ursinhos carinhosos" e abraçado com uma "ursinha" de pelúcia. Disse que o embrulho era um presente para ele – abriu e retirou um caderno encapado de ursinhos. Contou, sigilosamente, que aquele era um caderno de segredos e que pegara o batom da avó. Dentro do caderno havia uma folha com pasta de batom e um pincel. A um só tempo, ele passou a se aplicar o batom e a tentar tirar o meu para também passar nele. Anunciou sua proposta: "Vamos fazer um troca-troca? Você vai ser homem e eu mulher!"

B.: "Tia, arruma um cabelo para mim..." [queria que eu lhe arrumasse uma toalha amarela, mas acabou usando a azul que estava pendurada por perto, pedindo que eu lhe fizesse um rabo e um coque com esse cabelo].

Estava se sentindo a própria Angélica, pedindo, inclusive, que eu o ajudasse a fazer uma pinta na perna. Subiu no palco (a mesa) e pareceu estar delirando, nem ouvia o que eu lhe dizia, pois cantava todo o repertório dela e dançava sensualmente. Subitamente anunciou que iria cantar "Toda molhada de chuva". Ato contínuo, saiu correndo para outra sala do consultório e voltou nu e de "peruca", dizendo: "Não pode contar para o meu pai!" Ficou um minuto assim e voltou para o "camarim" para colocar a cueca e uma blusa com cinto, para fazer de conta que era um vestido. Falei rapidamente sobre sua necessidade de se exibir pelado, ele riu e subiu no palco, novamente, para cantar. Quando desceu, pediu que eu desenhasse uma outra Angélica para ele, pois a do dia anterior ele havia dado ao irmão porque ficara com pena dele. Colou um "ursinho" nessa boneca de papel. Arrumou-se para ir embora, lavando bem a boca para tirar o batom, embrulhando e fechando com durex o caderno secreto.

Assistir à *performance* desenvolvida por B. durante essa sessão deixou-me a tal ponto impressionada que fui tomada por uma série de questionamentos que ficariam por muito tempo sem respostas. Apenas a instalação de um princípio de confiança na relação analítica gerou algum consolo, diante da angústia vivenciada naquelas cenas. Passemos então a discorrer sobre as dúvidas que surgiram.

Afinal de contas, por que um presente para si próprio era poder usar o batom "roubado" justamente da avó, mesclado com o batom "tirado" de mim? Não seria a mãe uma representante ideal da feminilidade porque se vestia de modo simples e não usava maquiagem? Ou estava subentendida, nessa escolha, a classificação da mãe como mulher sereia (sedutora/fálica/assexuada)? Por que a necessidade de mimetizar a Angélica, fazendo, inclusive, uma pinta na sua perna? Essa inscrição no corpo representaria a marca da precariedade simbólica?

A proposta do troca-troca evidenciaria o seu reconhecimento de que seria necessária uma opção sexual dentro de uma lógica binária e que seria preciso oferecer algo nesse intercâmbio? Ou a proposta atenderia a uma necessidade de, para se sentir verdadeiramente uma mulher, precisar ser olhado por alguém que considerasse ser um homem?

A recomendação feita por B., "não pode contar para o meu pai!", denota uma possibilidade muito interessante, a de que só o pai não aceitava o seu desejo de se travestir – mostrando, portanto,

90 OS PRIMÓRDIOS DA INVEJA

que ele se travestia para a mãe. No entanto, esse pedido de segredo também pode ser considerado em duas outras direções: a primeira, como uma grande novidade, a de que o pai, que nunca havia conseguido lhe dizer que não queria que ele fosse mulher, finalmente estava fazendo uma interdição a esse desejo, e B. não queria decepcioná-lo. E a segunda direção, mais elaborada, seria a de que o pai, ao descobrir que B. era, imaginariamente, uma mulher completa, ou seja, com pênis, se apagasse mais ainda! Essa hipótese teria, necessariamente, que ser sustentada pela percepção de que o pai tinha uma postura passiva diante de mulheres fálicas.[8]

Essa sessão foi, portanto, uma apresentação do que ele tanto buscava: uma síntese entre aquelas duas imagens em que as mulheres se dividiam e com a qual ele gostaria de se identificar: uma mulher sedutora, fálica, sexuada, deslumbrante – como percebia a personagem Angélica. A sua aparição com o corpo nu e de peruca, durante um longo minuto, produziu um efeito de aparição das divindades hermafroditas que, como nos diz Freud, "são expressões da ideia de que somente a combinação dos elementos masculinos e femininos poderão de fato simbolizar a perfeição divina" (1910, p. 87).

Uma sessão com os pais estava programada para o fim daquele primeiro semestre, mas B. pediu, encarecidamente, que eu não os recebesse, pois temia que eu deixasse escapar os seus segredos, ou que fizesse aliança com os pais e não permitisse mais que ele soltasse suas fantasias de querer ser mulher. Foi irredutível nessa posição, pois não tinha certeza de poder confiar nas pessoas grandes. Eu, julgando que seria de fato arriscado comprometer o vínculo

---

8 A sua irritação com essa hipótese logo se manifestaria diante de meus olhos, como o leitor pode conferir no episódio da colocação do tapete na sala de espera do consultório, descrito na p. 95.

tênue que ele estava começando a estabelecer comigo, preferi pedir aos pais que adiassem um pouco mais essas entrevistas. Afinal, apesar de ele estar entregando seus segredos a mim, sabíamos que deveria ter suas razões para não confiar na figura da mulher. Tal decisão suscitou uma reação muito negativa da parte da mãe de B., que achou um absurdo eu dar ouvidos a uma criança. No encontro que tivemos no mês seguinte, chegou a confessar que sentira ódio de mim e que aquela não fora a única vez que sentira isso, pois, em várias sessões, apesar de eu sempre pedir licença para fechar a porta da sala, ela sentia como se eu estivesse "batendo" a porta na cara dela – expressão de sua revolta com a minha intromissão na fusão da dupla mãe/filho. No fundo, ódio pelo fato de eu estar tentando tirar "a menina dela", que, aliás, comparecia às sessões sempre superproduzido, com roupas de grifes, como se fosse uma versão do lado vaidoso e feminino da mãe.

O próximo capítulo deste estudo, "O terror à mãe vampírica", acabou por se constituir, com sua trama vampiresca, em um retrato da projeção dos impulsos sádico-orais de B. e da assertiva de Klein de que, "quanto mais sádica tiver sido a destruição imaginária do corpo da mãe, maior será o seu terror dela como rival" (Klein, 1932, p. 259).

3. O terror à mãe vampírica

*"Ver a Górgona é olhá-la nos olhos e, com o
cruzamento dos olhares, deixar de ser o que se é, de
ser vivo, para se tornar, como ela, poder de morte.
Encarar Gorgó é perder a visão em seu olho, trans-
formar-se em pedra cega e opaca."*
Jean-Pierre Vernant, *A morte dos olhos:
figurações do outro na Grécia Antiga*[1]

O segundo semestre da análise de B. iniciou-se tão logo reto-
mei minhas atividades profissionais após a licença-maternidade. Ele
nada falou sobre o bebê, apenas me pediu para fazer um desenho de
uma mulher (que podia ser eu ou a mãe dele) de mãos dadas com
ele. Fiz o tronco dos dois corpos e ele cuidou dos cabelos e traços
fisionômicos. Esmerou-se nos detalhes da figura que o representava,
colocando cabelos longos, vestido bem curto e botas de cano alto.
Por fim, desenhou um bebê em seu colo. O conjunto desse desenho
(Figura 3.1, "O albinho") parece mesmo com a foto tradicional tira-

---

1   Vernant, 1988, p. 103.

da após o nascimento: o pai de mãos dadas com a mãe, que carrega o bebê. No entanto, a foto desse "albinho" parece registrar um outro momento feliz, em que a diferença acabou, o par é composto de duas mulheres parecidas, e ele pode se apropriar do papel de mãe, tomando o filho para si. No entanto, o que iria acontecer, depois dele ter tomado posse do objeto invejado? Aguardemos o porvir, lembrando-nos das palavras de Mezan acerca do caráter cíclico da inveja: "não podendo receber o que lhe falta, o invejoso recorre à miragem da destruição no outro daquilo que imagina faltar-lhe porque o outro o detém e dele frui" (1987, p. 236).

Figura 3.1 O albinho.

Nos meses seguintes, B. mostrou-se totalmente envolvido com os personagens de uma novela que estava passando na televisão naquela época: *Vamp*. Transformou-me numa verdadeira "retratista da corte": descrevia os personagens, acompanhava com atenção os desenhos, exigia detalhes de figurinos. Os desenhos acabaram virando encomendas, que eram previamente planejadas: as figuras femininas para ele e as masculinas para seu irmão. As produções eram levadas para casa com a promessa de que voltariam – o que nunca acontecia.

Durante as sessões, os desenhos recortados eram submetidos a verdadeiros movimentos transformistas, pois ele tirava o cabelo de uma figura e colocava em outra, trocava as caras, as pernas, as roupas... enfim, embaralhava todas as partes, fazendo com que os personagens virassem verdadeiras montagens. Os experimentos pareciam investigar as possibilidades de variação de gênero. Às vezes, se o resultado final da montagem lembrava uma figura feminina, ele me pedia para fazer um "buraquinho" no papel, exatamente na região da genitália das bonecas, por onde deveria sair o "xixi" – pedido que vinha sempre acompanhado da recomendação: "Nada de tereeca!" Ou seja, a "tereeca" para ele era a genitália ligada à sexualidade (a vagina), mas que não tinha nada a ver com o buraquinho por onde deveria sair a urina. Essa compreensão da realidade anatômica das mulheres, a da diferença entre canal urinário e canal vaginal, vinha acompanhada de uma inversão significativa: em vez de afirmar que tinha uma "tereeca", como fizera anteriormente, ele decidira eliminar sua presença nas mulheres. Nessa temporada, todo o enredo de suas sessões girou em torno da personagem principal da novela *Vamp*, a Natasha – aquela que "não era dona da própria alma". A cada sessão ele solicitava que eu a desenhasse repleta de detalhes e, tão logo ficava pronta, dizia enfaticamente: "agora, faz um namorado para ela!" Eu me lançava na empreitada, mas não conseguia terminá-lo com tranquilidade, pois ele interrompia o desenho com outras solicitações e, assim, todos os namorados desenhados ficavam inacabados.

Certo dia, ao pedir que eu fizesse novamente uma Natasha (bem grandona) e também um namorado para ela, exigiu que dessa vez eu os desenhasse aparecendo a "tereca" e o "pinto", e eu assim fiz.

B.: "Ela quer um namorado. Ele quer beijar ela".

A: "Há uma atração forte entre mulher e homem: a mulher quer um homem, e o homem quer uma mulher... Por que será, B.?"

B.: "Vai lá perguntar pra Deus por que é... vai, Tia Cassandra, pergunta pra Deus!" [palavras pronunciadas com muita irritação].

A: "Você parece não querer aceitar isso... para você não devia ser assim... pois você queria ser homem e mulher ao mesmo tempo!"

B.: "É, é assim!"

Nessa passagem podemos ver que B. estava fazendo um questionamento mais profundo, pois queria entender várias coisas que lhe pareciam enigmáticas. O interessante foi que a presença da genitália nos dois desenhos (evidenciando o reconhecimento da diferenciação anatômica) pareceu ter-lhe dado tranquilidade para pensar no gostar e no beijar, que para ele eram coisas mais de cima, mais da cabeça e que abriam a seguinte questão: por que a mulher tem de gostar de um homem e o homem também tem de desejá-la? Sua resposta irritadiça e inteligente me mandando reencaminhar a pergunta a Deus mostrava a sua indignação com a imposta bipartição de gênero e a respectiva obrigatoriedade de escolha identificatória, evidenciando também que ele percebia, em algum nível, minha ansiedade por uma definição.

Mas o desejo de mudar toda a situação em que estava mergulhado era forte o suficiente para fazer com que ele iniciasse a prática de um ritual de bruxaria, fazendo sopas para que eu bebesse. "Eu sou o seu bruxo!", eram as palavras gritadas enquanto ele colocava os ingredientes no caldeirão: asas de barata, cocô de formiga, cocô de elefante etc. – ritual que, como sabemos, corresponde, no imaginário infantil, às tentativas de enfeitiçar ou provocar uma transformação naquele que ingere a poção mágica. Mas, curiosamente, depois de pronta, a sopa, em vez de ser servida a mim, era deixada fora da caixa para que pudesse, segundo ele, envenenar uma cliente de sua idade cujo horário da sessão era logo após o dele. Intenção que nos leva a crer que o suposto efeito da poção, imaginariamente, deveria ser uma alteração no desejo que regia a relação da analista/mãe com aquela cliente/filha. Levando em conta que ele tinha certeza de que a mãe só iria aceitá-lo se ele fosse uma mulher, eliminar essa menina correspondia, transferencialmente, não apenas à eliminação do objeto invejado (como vimos ser o intuito da "inveja kleiniana"), mas, acima de tudo, à vontade de eliminar o desejo imperativo da mãe de que ele fosse uma menina, pois somente assim ele poderia ser desejado como era na realidade.

Uma outra prova de que ele buscava alterações nos estatutos até então vigentes dizia respeito à relação entre homens e mulheres e surgiu, de modo inesperado, fora da sessão, num dia em que ele e o pai chegaram bem mais cedo ao consultório e eu estava colocando um tapete na sala de espera. Seu pai prontamente se ofereceu a ajudar, eu dispensei e agradeci, mas mesmo assim ele se lançou na empreitada. Eu brinquei com B.: "Olha, arrumei um ajudante!". Ao que ele, com braveza, retrucou: "Ajudante é o seu cu!". O pai, desconcertado, não sabia o que dizer; mas eu entendi que a resposta atrevida evidenciava quanto ele não suportava mais ver o homem fazendo parceria com a mulher numa posição subalterna – evidência de que ele percebia a postura passiva do pai diante das mulheres fálicas, não gostava disso e temia que quanto mais se imaginasse uma mulher completa (com pênis), mais a imagem do pai se apagaria! De fato, ele estava no limite de tolerância a tal situação, e essa foi a abertura da temporada de caça às mulheres, como veremos a seguir.

98 O TERROR À MÃE VAMPÍRICA

B. entrou na sala e começou a soltar puns, dizendo que estava apertado para fazer cocô e perguntando onde era o banheiro. Ao ouvir que ele sabia muito bem onde era, foi descendo as calças, retrucando decidido: "Mas vou fazer aqui (apontando a lixeira) e vou limpar!". No entanto, vendo que eu estava mesmo decidida a não permitir que ele fizesse isso, acatou a minha imposição e foi para o banheiro. Voltou um minuto depois, afirmando que havia feito um "cocô grandão", abrindo os braços para mostrar o tamanho. Apontando para o chão, gritou: "Ele está aqui dentro, olha ele aí! Olha o fedô!".

A: "Quase que ele foi deixado aqui mesmo, de verdade, pois você queria ver se eu aguento o 'fedô' que pode sair de dentro de você. Queria ver se esse fedô me estraga!"

B.: "Eu queria deixar ele dentro da caixa da menina!"

A: "Em vez de o seu cocô ser um presente, você acha que ele é feio e vai assustar e estragar quem o vir..."

B.: "É!"

Essa decisão de colocar o seu cocô dentro do *setting* era a expressão simbólica de que ele queria passar a expressar mais claramente as suas produções, os seus pensamentos, tanto é que logo em seguida, pela primeira vez, ele começou a ousar representar os pensamentos dos personagens, como nas histórias em quadrinhos. Assim, por exemplo, para a Natasha, vestida de noiva e com dentes de vampiro, ele desenhou o pensamento dela querendo beijar o N., e o dele querendo beijá-la também. No entanto, as intenções ainda não desencadeavam nenhuma ação.

Julgando que atravessávamos um período em que ele parecia estar confiando mais na relação analítica, a ponto de mostrar o seu "fedô", arrisquei comunicar-lhe que marcaria uma sessão com seus pais para avaliarmos o trabalho que estávamos desenvolvendo. Ele ouviu meu comunicado com tranquilidade e nada disse.

Entrevista com os pais

A entrevista transcorreu após quatro meses de trabalho, quando tínhamos tido aproximadamente setenta sessões. Durante esse tempo, uma vez que a criança nada contava sobre o que se passava em sua análise, os pais fizeram algumas conjecturas a partir dos desenhos que ele levou para casa, guardou, ou deu ao irmão. Os desenhos que mais intrigavam eram aqueles em que ele desenhava o pai e a mãe, um em cada face da mesma folha. Haviam tentado pensar, a partir das primeiras entrevistas, nessa fantasia de B. do homem e da mulher como verso e anverso, mas não conseguiram avançar nas reflexões, pois a ideia de individualidade lembrava separação e morte, e eles ficavam muito angustiados e se grudavam mais ainda!

A mãe estava em análise num ritmo de três sessões semanais, gostando muito e reconhecendo o quanto isso era importante no processo de B. Confessou que, um tempo atrás, apesar de me achar simpática, tomou uma antipatia tão grande de mim que chegou a pensar que, se B. quisesse trocar de psicóloga, ela até que toparia, pois, a cada vez que eu olhava para ela e fechava a porta da sala, era como se estivesse dizendo que ela era a culpada. O marido lembrou-lhe que eu os havia prevenido de que isso aconteceria quando ela tivesse a sensação de que B. estava sendo tirado dela, e que era justamente para aguentar essa separação que ela estava fazendo análise. Ao ponderarmos que outras ondas de resistência poderiam surgir e que eles iriam precisar de muita firmeza para prosseguir com o tratamento, a mãe retrucou: "É... apesar de ele estar mudando para o jeito que eu queria, tem duas coisas que eu não consigo engolir: você

100   O TERROR À MÃE VAMPÍRICA

ter respeitado a vontade dele de que não viéssemos aqui e você estar conseguindo coisas com ele que eu não consegui em cinco anos!".[2] Esse comentário me pareceu um tanto quanto perigoso, afinal, "a fúria invejosa não concerne ao seio que frustra, mas sim ao seio que dá, enquanto dá: o que causa inveja é precisamente a abundância suposta ilimitada com que o seio fabrica leite, sendo então a fecundidade o que se representa como insuportável" (Mezan, 1987, p. 224).

Por outro lado, era visível que o pai estava muito transferido comigo e com o trabalho que estava sendo feito, pois, durante a entrevista, tomou a palavra todo o tempo para narrar o que estava vendo de significativo. Assim, anunciou que, apesar de B. ter negado gostar da terapia ou de mim, estava mais feliz, mais moleque! Não chorava mais à toa, como fazia anteriormente, e por isso já podia acompanhar os pais nas mais diversas atividades. Ainda era um pouco dependente, mas estava se vestindo e comendo sozinho e, quando acordava, em lugar de chorar como fazia antes, ficava no quarto brincando. Vale lembrar um comentário *en passant* feito pelo marido: desde o nascimento desse primeiro filho, a esposa, em vez de se arrumar, passara a investir muito no guarda-roupa e no visual dessa criança, deixando-o superproduzido. Entretanto, reconheceu que essa situação estava começando a mudar e que ela estava se arrumando um pouco mais.

Desde que começamos o nosso trabalho, o pai decidira se deitar um pouco com ele até que adormecesse e, recentemente, havia dito ao filho que, se ele passasse a dormir sozinho, ganharia o disco e a fita da novela *Vamp*. Ele concordara e vinha cumprindo o trato.

---

2   Temos aqui um elemento muito problemático, pois sabemos que a transferência das crianças em análise é sustentada pela transferência dos pais e, infelizmente, a intensidade da rivalidade e do ódio que essa mãe foi desenvolvendo por mim acabaria traçando um destino funesto para o caso.

Porém, a mãe quase estragara tudo, pois outro dia se oferecera e fora dormir com ele. Apesar dessa melhora geral no quadro, o pai lamentou-se pelo fato de B. continuar pedindo ursinho rosa, borrachinha rosa; porém, lembrou-se imediatamente de que o único consolo para isso era ver que o filho não estava mais usando "perucas" e nem pedindo bonecas para brincar. A última vez em que isso acontecera fora no aniversário de 5 anos, quando pedira ao pai que lhe desse a boneca da Mônica,[3] e ele concordara em comprá-la, desde que B. brincasse com ela por algumas horas e depois desse para a filha da empregada. Assim fora feito. Devemos ponderar que essa atitude do pai, apesar de guardar certa ambiguidade, pelo menos oficializava o fato de ele não aceitar o desejo do filho de brincar com bonecas e de agir como se fosse uma menina.

Contaram também que B. raramente rivalizava ou entrava em brigas com outras crianças – com o irmão, por exemplo, o seu relacionamento era bom – não sabiam se era porque ele tinha certeza de que reinava de modo absoluto na casa ou se era porque fazia de tudo para ter a companhia dele na hora da novela *Vamp*, a que assistia com atenção e medo. Ter dificuldades em colocar para fora sua agressividade fazia com que ele acabasse virando vítima das crianças mais agressivas, como um primo que por duas vezes o mordeu, tirando sangue do seu corpo.[4] Da primeira vez, o pai obrigara-o a mordê-lo também – e ele dera uma mordida de leve. Da segunda vez, B. nem

---

3 Vale a pena comentar que, nas sessões, B. de fato vinha demonstrando que o seu interesse pelas bonecas estava mais diversificado, pois, além da Barbie, ele estava interessado pela Mônica e pela Alice, e fazia sempre menção aos seus namorados, apesar de nunca dar muita atenção a eles.

4 Vemos aqui mais uma razão para que o movimento vampiresco amarrasse toda uma série de representações ligadas a atos de subjugação do outro. Aliás, Natasha foi eleita como modelo de mulher porque sua imagem representava perfeitamente uma vivência psíquica muito primitiva de B. de só poder se apropriar do seio/vida pelo vampirismo – lembremo-nos de que o leite materno jamais fora suficiente para abastecê-lo.

102   O TERROR À MÃE VAMPÍRICA

contara o ocorrido, com medo de o pai obrigá-lo a revidar. Ficavam chateados com o fato de a passividade dele acabar sendo reforçada, pois na escola todos o adoravam, principalmente as mães de outras crianças, que faziam questão de elogiá-lo. Sua mãe lembrou-se então de que ela também sempre fora uma "menina boazinha como B.", pois nunca dissera "não" a ninguém! Esse ato falho ("menina boazinha"), que sequer foi notado pelos pais, continha a essência do desejo materno que era violentamente projetado na construção identificatória dessa criança, e minutos depois foi complementado com uma assertiva sobre o método que ela empregava para satisfazer esse desejo. Ao comentarmos a forte identificação de B. com Natasha, a quem ele definia como "pessoa que não é dona da própria alma", a mãe, ironicamente, disse: "É... se ele é a Natasha, na certa eu devo ser o Vlad!"[5] – comentário emblemático que fechou com chave de ouro a entrevista, pois retratava o âmago da angústia dessa criança: o terror de ser vampirizado pela mãe. Outro sentido interessante para essa fala poderia advir da complementariedade nela contida: se ele é a mulher vampira, eu devo ser o homem vampiro.[6]

O casamento da mãe vampira

Retomemos, agora, os conteúdos apresentados durante o segundo semestre de análise, quando teve início uma série de dramatizações.

---

5   Vale lembrar que Vlad era o vampiro-mor, o rei dos vampiros, o noivo da Natasha, aquele que vampirizava a todos!

6   Esse comentário da mãe de que os dois (ela e o filho), portanto, seriam vampiros, só que com a identidade sexual invertida, lembra-nos o caso clínico apresentado em Stoller, R. (1984[1965]). The mother's contribution to boyhood transexualism. In Sex and gender: the development of masculinity and femininity. Londres: Karnac Books., em que o transtorno de identidade sexual se manifesta na dupla mãe/filho de modo complementar, formando um "composê", como se diz na linguagem da moda. Em nosso material, a complementariedade podia também ser ilustrada pelo fato narrado pelo pai: a esposa passou a investir tanto na imagem do menino que parou de cuidar da sua própria.

O que parece ter impulsionado essas cenas foi o fato de eu ter determinado que ele só poderia levar para casa os desenhos que fizesse, pois os meus ficariam guardados na caixa. Ele passou então a desenhar, freneticamente, o que estava imaginando, principalmente as bonecas, deixando-me apenas com a função de fazer a pele de todos – gesto interessante e que revelava, a um só tempo, a sua impossibilidade de representar os limites corpóreos e a falta que sentia de "algo" que contivesse os seus impulsos.

Acatando a sugestão de que desenhasse também os elementos do cenário onde estariam as bonecas, ele deu curso à necessidade de que elas pudessem se movimentar livremente e passou a recortá-las, pois queria que tivessem vida. Esse momento significativo viabilizou a expressão plástica de conteúdos imaginários extremamente preciosos. O roteiro dessas dramatizações se passava sempre em torno da "mãe/aranha", que fazia uma teia e prendia todo mundo. As sequências de cenas eram repetidas em todas as sessões, como se ele estivesse ensaiando uma peça teatral e, a cada vez, acrescentasse mais detalhes. Vejamos de perto alguns recortes dessas cenas, que ilustravam, maravilhosamente bem, a perspicácia com que percebia os elementos que compunham a sua novela familiar.

B. aprontava uma noiva (uma boneca de pano) para se casar: enrolava-a num longo vestido (uma toalha de rosto) e colava a peruca dela novamente. Ordenava que eu preparasse o noivo (boneco de pano), o padre (um tubo de cola), o pai da noiva (um toquinho de madeira) e os "daminhos" (um menino e uma menina que foram nomeados como "os filhos da noiva").

A cerimônia do casamento era celebrada por mim (incumbida de fazer o papel do padre/cola) e, tão logo terminava, a noiva revelava-se uma vampira, passando a maltratar o marido de todas as maneiras possíveis, inclusive agredindo-o fisicamente. Punha os filhos debaixo da saia e não deixava o pai nem chegar perto. Numa das repetições dessa cena, eu comentei: "a mãe-aranha armou a teia, o pai caiu, fez filhos nela e, agora que ela não precisa mais dele, vai matá-lo". Ele riu sadicamente, fazendo a noiva arremessar o marido para bem longe. Em outros momentos, a sequência das cenas revelava as suas fantasias do coito sádico: o marido/pai ia para a cama (uma bacia com panos) e batia com um pau no meio das pernas da filha, a "daminha" gritava de dor e, mesmo machucada, continuava apanhando. Fiz alusão ao fato de ele imaginar que o peru do papai machucava a mamãe. Ele mal escutou as minhas palavras, pois a cena continuou a todo vapor: a noiva (representada por B.) ficava brava, o "daminho" tinha um ataque de raiva do pai, dava uma dentada na sua cabeça, amassava-lhe o rosto e arrancava sua cabeça. Depois, prestava ajuda, levava o pai para o hospital e colava o pescoço dele com fita adesiva.

O impressionante nesse material é a crueza dos fantasmas, que surgiam denunciando a ausência de elaboração secundária e evidenciando que não adiantava interpretar, pois não se tratava de material inconsciente. Tínhamos mais era que entender por que apareciam fantasmas crus, brutais, ou seja, o que os despertava e a que conteúdos mentais eles respondiam. A interpretação da mãe/aranha, que ainda hoje me parece perfeita, gerou uma reação que pode ser uma pista para pensarmos na resposta a essas questões que acabamos de formular. Havia mesmo um desejo da mãe de ser a única dona dos filhos e também a dona da alma de B., enfim, de vampirizar tanto o marido quanto o filho. O riso sádico que se seguiu à minha interpretação era muito mais um riso angustiado, nervoso, e que talvez anunciasse o efeito psíquico sobre ele dessa mãe vampiresca: ficava mergulhado em angústias muito primitivas, angústias de despedaçamento, que atrasavam todo o processo de clivagem entre as tópicas psíquicas.

Escolher a cola para representar o padre e a mim para celebrar o casamento era também mostrar que ele queria eleger alguém para legislar, para frear seu desejo mortífero – lembremos que os encontros com o boneco/pai eram sempre mortíferos e que, naquele momento, mais do que nunca, ele estava precisando do pai como aliado para enfrentar a mãe, e por isso as dramatizações terminavam sempre com a cena dele colando o pescoço do pai.

A sequência dos episódios mostrava que ele não tinha dúvidas de que o movimento vampiresco era desencadeado pela mulher: a noiva virava vampira, inaugurava o ciclo de violência agredindo o noivo – só que este, em vez de enfrentar a mulher, descontava sua agressividade na filha. Assim, quem sofria a agressão era a daminha, a filha da noiva, ou seja, o lado feminino de B., pois ali estava também presente uma identificação clivada, que permitia a ele ser, a um só tempo, os dois daminhos. No entanto, o daminho, apesar de atacar essa imagem negativa do homem débil, não queria que o pai morresse, e sim que ficasse vivo para poder enfrentar a mãe vampira. Por isso, hoje em dia, penso que teria sido muito mais produtivo que eu, em vez de fazer alusão ao fato de ele imaginar que o pênis do papai machucava a mamãe, tivesse dito: "você gostaria muito que o papai enfrentasse a mamãe".

A noiva, ao colocar os filhos debaixo da saia, como uma forma de proteção para que não houvesse buraco para o homem penetrar, fazia um movimento de repúdio à sua própria feminilidade, fazendo surgir um homem sádico – enfim, nessa trama de amor e ódio, o sadismo parecia ser a única forma de o homem entrar no corpo da mulher, pois não havia possibilidade de vínculo, tudo era relação selvagem.

106 O TERROR À MÃE VAMPÍRICA

Mas, afinal, quem é a mãe vampira?

De imediato, tenderíamos a responder que é a mulher invejosa. Porém, dentro de qual referencial estamos operando, o da metapsicologia freudiana ou o da metapsicologia kleiniana? Comecemos por retomar os postulados freudianos que, dentre vários esboços da mulher, apresentam a mulher invejosa[7] num conjunto de textos da primeira tópica,[8] que apresentam o monismo sexual e a construção edípica em torno da angústia de castração. Duas vigas mestras, o par de opostos masculino/fálico/ativo e feminino/castrado/passivo, sustentam a argumentação nas obras *Três ensaios sobre a teoria da sexualidade infantil* (1905); *Sobre as teorias sexuais das crianças* (1908) e *Moral sexual civilizada e doença nervosa moderna* (1908). Os outros andares do edifício serão construídos seguindo a planta baixa da obra. Assim, vão se sobrepondo textos como *A organização genital infantil: uma interpolação na teoria da sexualidade* (1923); *A dissolução do complexo de Édipo* (1924) e *Algumas consequências psíquicas da distinção anatômica entre os sexos* (1925b).

Ao longo desses textos, vai sendo construída uma alusão à inferioridade da genitália feminina, subentendida na eleição do pênis quase à condição de um objeto fetiche que todas as mulheres gostariam de possuir. O clitóris, visto como o "pequeno pênis" das mulheres e marca da masculinidade em seu corpo, será a sede das excitações, eclipsando na infância a descoberta da cavidade

---

7 Um desenvolvimento mais abrangente dessas ideias pode ser lido em meu livro *Disfunções sexuais* (2005).

8 O termo "tópica" significa teoria dos lugares e designa, na metapsicologia freudiana, segundo o *Vocabulário de Psicanálise*, de Laplanche e Pontalis (2001), teoria ou ponto de vista que supõe uma diferenciação do aparelho psíquico em certo número de sistemas dotados de características ou funções diferentes e dispostos numa certa ordem uns em relação aos outros. Na primeira tópica freudiana, a distinção principal é feita entre inconsciente, pré-consciente e consciente; a segunda tópica distingue três instâncias: o id, o ego e o superego.

vaginal. Para Freud, a obstinação das crianças pelo pênis como atributo fálico impede-as de aceitar a possibilidade de que a mãe não tenha um pênis, como um homem.

No texto *A organização genital infantil: uma interpolação na teoria da sexualidade*, de 1923, Freud afirmará categoricamente que a característica principal da organização genital infantil consiste no fato de que, para ambos os sexos, entra em consideração apenas um órgão genital, o masculino. "O que está presente, portanto, não é uma primazia dos órgãos genitais, mas uma primazia do falo" (Freud, 1923, p. 180). A partir de então, a fase fálica, em sua evolução difásica, na infância e na adolescência, estava incluída no desenvolvimento libidinal teorizado por Freud, sendo situada logo após a fase sádico-anal. Diferentemente desta última, em que a antítese dominante se dá entre atividade e passividade, na fase fálica, contemporânea do complexo de Édipo, para Freud, existe masculinidade, mas não feminilidade. As crianças nessa fase associam a falta de pênis nas mulheres à castração e, como resultado extremo dessa convicção (de que as mulheres não possuem pênis), pode ocorrer "a depreciação das mulheres, o horror a elas e a disposição ao homossexualismo" (Freud, 1923, p. 183). Dentro dessa perspectiva, a vagina somente passará a ser valorizada na puberdade, enquanto "um abrigo para o pênis".

Apesar de Freud ter reconhecido a riqueza da fase pré-edipiana para a sexualidade das meninas em seu texto de 1925, *Algumas consequências psíquicas da distinção anatômica entre os sexos*, acabou listando consequências de longo alcance que são provenientes da inveja do pênis. O fato de a falta do pênis ser tomada como uma punição pessoal pode provocar uma ferida narcísica e deixar como cicatriz na mulher um sentimento de inferioridade; se a falta for percebida como uma característica universal da genitália feminina, a mulher pode passar a partilhar com os homens o desprezo pelo

108   O TERROR À MÃE VAMPÍRICA

sexo inferior. Uma outra consequência da inveja do pênis, a terceira citada, seria o afrouxamento da relação afetuosa da menina com seu objeto materno; e uma quarta, o surgimento de uma intensa corrente de sentimento contra a masturbação – verdadeira precursora da onda de repressão na puberdade. A quinta consequência nós já conhecemos, é o desejo de um filho, e faz com que a menina tome o pai como objeto de amor. Freud lembra-nos ainda de que, mesmo depois de ter abandonado seu verdadeiro objeto, a inveja do pênis pode persistir por meio de um deslocamento e se apresentar por meio do ciúme, que terá um papel importante na vida mental das mulheres.

Apesar de podermos pensar nesse modelo freudiano de mulher incompleta, invejosa da potência masculina, que para se completar precisa substituir por um filho o objeto invejado, fazendo deste um prolongamento de seu falo, o que explica terem recebido o codinome de "mães fálicas", e se retomarmos o que vimos no capítulo anterior sobre a dinâmica da inveja na metapsicologia kleiniana, podemos dizer que a mãe invejosa é aquela que não suporta a inveja que sente do que há de diferente, quer seja no marido, no filho ou em outra mulher.

A mãe/vampira é a mulher castradora

Um desenho feito por B. naquela ocasião, a Figura 3.2, "A minha mãe", poderia também se chamar "A parca: uma mãe castradora" e remete-nos a um outro roteiro de leitura freudiana que apresenta uma visão de mulher forte, ameaçadora, que chega a intimidar os homens: a mulher castradora[9] – representação que parece estar muito alinhada com os temores inconscientes desse garoto.

---

9   A representação da mulher castradora é encontrada, com frequência, no material clínico de pacientes que apresentam quadros de disfunção erétil severa, não conseguindo realizar a penetração sexual com aquelas mulheres cujos traços físicos ou psicológicos possam ser associados à figura da mãe.

Para decalcar esse desenho freudiano da mulher castradora, percorreremos a seguinte trilha: *A interpretação dos sonhos* (1900); *O tema dos três escrínios* (1913); *O tabu da virgindade* (1917); *A cabeça de medusa* (1931).

Uma noite em que dormira fatigado e faminto, Freud produziu um sonho em que entrava na cozinha à procura de pudim e se deparava com três mulheres, sendo que uma delas amassava algo nas mãos, como se estivesse fazendo *Knödeln* (bolinhos de massa). Ao começar a análise do sonho, Freud logo se lembrou de um romance que lera aos 13 anos de idade, no qual o herói, enlouquecido, clamava pelo nome das três mulheres que haviam provocado a maior felicidade e a mais terrível dor em sua vida. Na trilha associativa das três mulheres na cozinha, Freud pensou nas parcas, aquelas que fiam o destino do homem. O trecho rendeu ao episódio o nome de "O sonho das três parcas" (Freud, 1900, pp. 216-219).

Os gregos acreditavam que havia uma força infinitamente superior aos homens e aos deuses, o Destino, que regulava a vida em seu conjunto e pairava acima de tudo. Para personificá-lo, os gregos tinham várias divindades, a mais antiga das quais era a moira, palavra que significa parcela ou quinhão em que foi dividido um todo. As moiras (parcas) são as três severas mensageiras do destino: Cloto, que fia o fluxo da vida humana; Láquesis, que define a passagem dos homens pelo mundo; Átropos, a irremovível, que marca a hora da morte. "Elas são velhas, sombrias e implacáveis. Não têm compaixão de ninguém. Nem dos fortes, nem dos fracos. Nem dos homens, nem dos deuses" (Civita, 1973, p. 754).

Figura 3.2 A minha mãe.

No sonho de Freud, uma das três mulheres se incumbia de uma tarefa estranha para uma parca, qual seja, a de fazer bolinhos – o que trouxe uma lembrança dos seus 6 anos de idade, quando sua mãe, procurando dar-lhe uma lição de vida, explicou-lhe que todos os homens eram feitos de terra e a ela voltariam. Vendo que o filho contestava a explicação, Amalia Freud esfregou as mãos, como quando fazia *Knödeln*, e, como consequência do atrito, pôde mostrar as escamas enegrecidas da epiderme, como uma prova de que eram feitas de terra. A importância dessa reminiscência está justamente no fato de que, "nesse contexto, a mãe surge como aquela que traz a vida e a morte, aquela de onde se vem e para onde se retorna, a que nos alimenta e absorve, de modo que a mãe, ao mesmo tempo nutriz e devoradora, assume caráter aterrador" (Nunes, 2002, p. 51).

A temática das parcas reaparece no texto *O tema dos três escrínios* (1913), em que Freud vai nos falar de quanto é recorrente, nos mitos, nos contos de fadas e na literatura, a escolha que, tendo de ser feita entre três irmãs, recairá sempre sobre a terceira, sob pena de uma carrada de malefícios. Traçando um paralelo entre as deusas da mitologia grega e da germânica, Freud associa as horas (deusas do tempo, que vigiam a ordem normal da natureza) com as moiras (que vigiam a ordem necessária da vida humana). "As Moiras foram criadas em resultado a uma descoberta que advertiu o homem de que ele também faz parte da natureza e, portanto, acha-se sujeito à imutável lei da morte" (1913, p. 376). Ou seja, os mitos estariam representando a necessidade do homem de tentar aceitar a inexorável lei da vida: "deves à natureza uma morte".[10]

Ainda nesse artigo, uma representação direta da mulher fonte de vida e de morte é personificada pelas deusas-Mães dos povos orientais, com traços criadores e destruidores que fazem delas tanto deusas da vida e da fertilidade quanto deusas da morte. Na literatura, porém, uma das mais fascinantes menções ao tema, segundo Freud, encontra-se no drama do rei Lear de Shakespeare, no qual "se acham representadas as três inevitáveis relações que um homem tem com uma mulher – a mulher que o dá à luz, a mulher que é sua companheira e a mulher que o destrói". Essas relações se encontram, também, nas "três formas assumidas pela figura da mãe no decorrer da vida de um homem – a própria mãe, a amada que é escolhida segundo o modelo daquela e, por fim, a Terra Mãe, que mais uma vez o recebe" (1913, p. 379).

Uma outra passagem interessante acerca da imagem da mulher castradora na obra freudiana pode ser vista no final do texto

---

10 Em carta a Fliess, de 6 de fevereiro de 1899, carta n. 104, Freud atribui essas palavras a Shakespeare (Freud, 1892-1899).

O *tabu da virgindade* (1917), em que Freud cita uma tragédia de Hebbel, *Judite e Holofernes*, que traz em sua trama o fato de Judite ser uma mulher cuja virgindade era protegida por um tabu e que, ao ser deflorada por Holofernes, "que se gaba de seu vigor e de sua insensibilidade, encontra forças em sua fúria para lhe cortar a cabeça, tornando-se, assim, a libertadora de seu povo" (1917, p. 191). Essa alusão à mulher que decepa o homem que ousou deflorá-la é uma premissa freudiana de que a mulher deseja passar a ser o agente da castração do homem, privando-o do invejado pênis.

O desejo de execução da castração enquanto medida defensiva pode ser, contudo, uma moeda circulante entre homens e mulheres, haja vista que foi o próprio Freud quem fez uma alusão ao mito grego de Perseu e Medusa – um ótimo exemplo de disputa, entre o herói e a górgona, para ver quem conseguiria executar a castração em primeiro lugar. No entanto, em seu esboço de artigo *A cabeça de Medusa* (1940[1922]), publicado postumamente, Freud preferiu enfatizar o modo como o terror pela Medusa está ligado a uma visão que remete à castração: "[...] os genitais femininos, provavelmente os de uma pessoa adulta, rodeados por cabelos e, essencialmente, os de sua mãe" (1940[1922], p. 329). Quando Freud fala sobre Medusa nesse artigo de 1927, enfoca apenas o horror inerente ao complexo de castração, ressaltando que as serpentes da cabeça da górgona, ao multiplicarem os símbolos do pênis, atenuam o horror de sua ausência. Segundo Freud, uma representação da mulher como um ser que assusta e repele por ser castrada inevitavelmente tinha mesmo que surgir entre os gregos, que eram "fortemente homossexuais".

Se, todavia, acompanharmos um pouco mais de perto o mito, poderemos ter uma visão um tanto mais ampla desse risco de castração que está implícito na relação do filho com a mãe. Na mitologia grega, Perseu era filho de Dânae, que havia sido fecundada por

Zeus sob a forma de uma chuva de ouro que penetrara na inviolável câmara de bronze subterrânea, que seu pai, Acrísio, mandara construir para prendê-la, uma vez que havia sido prevenido, pelo oráculo, de que o filho de Dânae o mataria. Tentando novamente evitar que a previsão se cumprisse, Acrísio encerrou mãe e filho num cofre de madeira e ordenou que fossem lançados ao mar, e assim eles foram parar na ilha de Sérifo, onde reinava o tirano Polidectes. Perseu, para evitar que a mãe fosse violentada por esse rei, lançou-se na promessa imprudente de trazer a cabeça de uma das górgonas, Medusa – que era uma divindade pré-olímpica, a mais famosa de três irmãs monstruosas. Elas tinham o rosto emoldurado por serpentes, presas semelhantes às de um javali entre os dentes, asas de ouro e mãos de bronze. Além dessa aparência terrível, o olhar era tão penetrante que petrificava quem fosse visto de frente (Kury, 1992, p. 165). Porém, enquanto Euríale e Estenó eram imortais, Medusa era mortal, e Perseu, contando com o auxílio divino de Hermes e Atená, que lhe forneceram os objetos necessários para decepar a cabeça da górgona, partiu para os confins do Ocidente, buscando simbolicamente, por meio de um ritual iniciático adolescente, sua libertação dos poderes inconscientes maternos. Para conseguir tal feito, no entanto, era preciso que Perseu se libertasse do aspecto devorador da imagem materna, respeitando a proibição de fixar o olhar em Medusa.[11]

Assim, graças às sandálias aladas, Perseu pairou acima das três górgonas adormecidas, refletiu o rosto de Medusa no escudo de Atená e decapitou-a com a espada que lhe deu Hermes

---

11 Uma versão brasileira da mesma temática pode ser encontrada na lenda das iaras, ou mães-d'água, que, vivendo nos rios, seduzem os pescadores com sua bela voz, e quando estes se lançam às aguas para encontrá-las, abraçam a morte. Podemos constatar que tanto o mito quanto a lenda fazem menção aos pontos de captura do primeiro objeto maternante: o olhar e a voz – representantes do temor dos homens de serem engolfados pelo objeto primário.

(Brandão, 1987). Essa menção à espada pode ser perfeitamente comparada à sinalização de interdição relativa à mãe que o pai precisa fazer para o filho durante o Édipo. E, mesmo depois de morta, o olhar da Medusa, embora vindo da cabeça decepada, continuou a paralisar as criaturas sobre as quais incidia, e por isso sua cabeça foi posta no escudo de Atená, num movimento parecido com o que tem que ser feito pelos meninos na saída do Édipo: recalcar completamente, e para sempre, a sua visão sexualizada da mãe enquanto mulher. Mas o que importa é que esse mito grego serve para lembrar que existe pelo menos uma mulher que é inabordável, e diante da qual todos os desejos sexuais devem ser repelidos: a mãe.

Se Freud levou tão em conta a universalidade da castração e do Édipo em seu breve texto *A cabeça de Medusa*, um estudo desse tema realizado por um antropólogo e historiador francês contemporâneo, Jean-Pierre Vernant, questionou amplamente o modo freudiano de interpretação simbólica imediata e universal desse mito. Vernant não atribui valor fálico aos cabelos serpentinos de Medusa e também afasta a associação da decapitação de Medusa a uma castração disfarçada, por acreditar que "quando os gregos queriam evocar um falo, eles o faziam de forma mais aberta, aumentando-o e, quando usavam metáforas, recorriam não à serpente, mas ao pássaro-falo" (Vernant, 2001, p. 79). Segundo esse autor, os efeitos pavorosos da cabeleira da Górgona estão muito mais próximos do fato de que as serpentes, ou os cavalos com suas mordidas, podem fazer sua vítima passar para a região dos mortos, podem levar a uma viagem para a terra do pavor.

Na cultura grega, o terror que os mortos inspiravam não era recalcado ou sublimado como tende a ser atualmente. No confronto de Gorgó, o que estava em jogo não era apenas a relação com os mortos, mas também a relação com a morte que era dramatizada.

Na opinião de Vernant, Gorgó, a górgona Medusa, foi uma grande lição que os gregos deixaram sobre a forma como sua cultura organizava a tolerância à extrema alteridade: "expressavam pela máscara de Gorgó o que a morte comporta de estranho com relação ao que pode ser feito ou dito sobre ela, o 'resto' frente ao qual só podemos permanecer calados e paralisados: fascinados, transformados em pedra" (Vernant, 2001, p. 73), pois o que ela dá a ver é a nossa própria imagem depois da morte.

Portanto, Gorgó traduz o sagrado absolutamente proibido em sua ambivalência, pois qualquer contato com ele nos arranca a condição humana. A face de Gorgó é uma máscara, e usá-la é "deixar de ser o que se é e encarnar, durante a mascarada, o Poder do além que se apossou de nós e do qual imitamos ao mesmo tempo a face, o gesto e a voz [...], o que pressupõe uma alienação em relação a si mesmo" (Vernant, 2001, p. 104). A face de Gorgó é o nosso duplo, o estranho, em reciprocidade com nosso rosto como imagem no espelho, o que, numa linguagem psicanalítica, seria equivalente a dizer que o olhar de Medusa encontra-se no registro do narcisismo primitivo e constitui uma manifestação do duplo.

Segundo Mezan, o estudo de Vernant sobre a máscara de Medusa:

[...] aponta para um outro nível de significação: um nível em que os olhos e o olhar não remetem mais ao pênis nem ao pai, e sim ao sexo da mulher, em especial ao sexo da mãe. E, neste segundo contexto, as fantasias associadas a estas representações mergulham num terreno mais profundo, mais arcaico, e por isto mesmo portador de uma angústia muito mais intensa (Mezan, 1987, p. 466).

116 O TERROR À MÃE VAMPÍRICA

Se os gregos usavam essa cabeça de mulher, com traços bestiais, para tentar representar o furor do morticínio para aqueles que ousassem olhar a górgona nos olhos, o nosso pequeno paciente também usava esboços gráficos de cabeças de mulher para me mostrar as "górgonas" que o assombravam, como podemos ver na Figura 3.3, em que a cabeça está completamente decepada do corpo e a mulher tem chifres e verrugas no nariz; ou na Figura 3.4, que retrata o momento exato em que a mulher se torna vampira. Na cena seguinte, Figura 3.5, podemos ver a mulher saciada, voando como um morcego, com o sangue ainda escorrendo dos lábios. E para retratar a recusa da família em encarar Gorgó, B. solicitou que eu produzisse a Figura 3.6, ou seja, que desenhasse dois bonecos de neve segurando um bebê e que escrevesse ao lado: "Uma família bonita e confortável. Caixão da Natasha". Palavras que denunciavam o grande paradoxo daquela família, na qual individualidade lembrava morte e, por temê-la tanto, refratavam o olhar da górgona, mas mesmo assim permaneciam paralisados, só que, em vez de transformados em pedras, rijos como falos, postavam-se como frágeis bonecos de neve, passíveis de derretimento ao sol (como os vampiros), e por isso mesmo cerrados em uma cripta. Seria esta a denúncia oficial feita por B. de que haveria, como diz Graña (1996), uma distorção profunda da matriz familiar ao nível das identificações?

Figura 3.3 Uma cabeça de mulher.

Figura 3.4 A hora em que a mulher vira vampira.

Figura 3.5 A hora em que a vampira vai embora.

Figura 3.6 Uma família bonita e confortável.

120 O TERROR À MÃE VAMPÍRICA

Para Mezan (1987), portanto, a Medusa representa duas modalidades do terrível: uma que se vincula à castração, que é exatamente o medo de ser devorado pela mãe, e uma outra, muito mais angustiante, que é o medo de ser "aspirado e reintroduzido entropicamente no corpo do qual se nasceu" (p. 469). Assim, diante do risco do caos e da morte, a perda de uma parte de si, consequente da castração, é um risco muito menor – ideia muito próxima de uma assertiva de McDougall que julgo preciosa: "a sobrevivência ocupa no inconsciente um espaço mais amplo do que o conflito edipiano, a ponto de para alguns indivíduos a problemática do desejo parecer um luxo" (1983, p. 117).

Não há como negar que todos esses desenhos e dramatizações eram a expressão da projeção de um sadismo oral forte, mas que expressavam, na linguagem de um menino de 5 anos, o modo como ele vivenciava as suas relações com essa mãe: insaciável, que queria sempre mais – aliás, queria anular todos os seus movimentos de individuação porque queria o seu sangue. Assim, ele ficava totalmente entregue ao poderio da mãe, tragado pelo imaginário terrificante que permeava suas relações com o objeto fonte de vida e mantenedor da mesma – compelido a pagar o preço exigido pela mãe para a perpetuação da relação, pois perder o seu amor e toda a proteção que ele garantia seria a imersão na vivência máxima de desamparo. Portanto, era até natural que aquela criança buscasse garantir a satisfação do objeto maternante.

O preço exigido, no entanto, parecia-lhe alto demais: além de se fazer passar por menina, ele precisava esconder a sua genitália, pois as suas protofantasias infantis fizeram com que elegesse a diferença anatômica como alvo simbólico da inveja da mãe. Mas o preço não parava por aí: ele tinha de assistir ao pai sendo vampirizado também, o que comprometia mais ainda o seu processo de virilização, afinal, nenhuma criança quer como modelo identificatório uma figura enfraquecida.

Podemos, então, pensar que uma das principais metas da análise dessa criança era ajudá-la a enfrentar as angústias de despedaçamento de que era tomada ao se lançar no desafio de enfrentar a sua Medusa, cujo olhar chamava para um encontro com o que Vernant chamou de alteridade vertical, que tanto pode puxar o indivíduo para baixo, para o terrível, o caos e, neste caso, para o encontro com Gorgó, quanto para o alto, para a fusão estática com o divino, num encontro com Dionísio – o que, numa metáfora psicanalítica, seria equivalente ao que pode advir em termos de organização psíquica, quando se avança na elaboração da angústia de castração.

4. O canto da sereia

"Vem dos vales a voz. Do poço.
Dos penhascos. Vem funda e fria
Amolecida e terna, anêmonas que vi:
Corfu. No mar Egeu. Em Creta.
Vem revestida às vezes de asperezas.
Vem com brilhos de dor e madrepérola
Mas ressoa cruel e abjeta
Se me proponho ouvir. Vem do Nada.
Dos vínculos desfeitos. Vem dos ressentimentos.
E sibilante e lisa
Se faz paixão, serpente, e nos habita."
Hilda Hilst, *Do desejo*[1]

Durante o final do segundo semestre de sua análise, apesar de os conteúdos das sessões continuarem parecidos com os anteriores, algo estava mudando. Em vez do temor que B. parecia sentir diante da mulher/aranha/vampiro, que nos dava a im-

---

1   Hilst, 1992, p. 23.

124   O CANTO DA SEREIA

pressão de ele estar vivenciando a angústia de castração, o seu sofrimento pareceu ter tomado uma via alternativa: passando a ficar abafado pelo predomínio da *Verleugnung*, ou recusa. E ele mostrava um certo prazer em tentar negar a diferenciação anatômica, construindo uma possibilidade de ser homem e mulher a um só tempo. Estaria dessa forma fantasiando algum arranjo possível para que homem e mulher pudessem ficar mais próximos psiquicamente? Ou seria apenas uma defesa radical contra a realidade da castração?

Seja como for, o seu medo da mulher continuava presente de modo significativo, levando-o a realizar projeções frequentes em que atribuía a mim o papel de homem, não apenas para vivenciar o papel de mulher, mas também para se proteger da castração. Passei, então, a ver o seu travestismo como uma defesa mais superficial, utilizada porque, além de ele achar que não iria conseguir ser homem, ao se disfarçar de mulher, julgava estar protegido do risco de morte. A sessão que veremos a seguir, a do baile do casamento, começou com uma cena menos cruel do que as precedentes e, apesar de ter havido uma quebra do processo secundário em certo momento, trouxe, pela primeira vez, uma descrição mais simbólica: um mito em que cada personagem estava bem definido. Essa trama será trabalhada durante meses a fio, numa busca ensandecida de elaboração psíquica. Observemos o desenho que ele fez da sereia e que servia de painel de fundo para a dramatização (Figura 4.1).

Figura 4.1 A sereia vai casar.

O baile do casamento

B. abriu a caixa lúdica e encontrou a noiva toda enrolada numa toalha, que ele chamava de roupão. Ordenou que eu também enrolasse o noivo. Apesar de essa cena ser corriqueira, ele estava radiante, como se estivesse experimentando uma vivência completamente nova. Determinou que a partir de então eu seria o noivo e ele a noiva.

B.: "Vai, tia Cassandra, traz ele para o casamento. Vem para o baile!"

O noivo foi levado para o baile.

B.: "Agora faz ele rebolar!"

Eu fiz essa representação e ele deu gargalhadas. Eu chamei a noiva para rebolar também. Ela se aproximou do noivo, mas saiu correndo. O objetivo de B. era que os dois se esfregassem, mas, quando isso estava para acontecer, ela fugia. De repente, no entanto, ela arrancou a calça do noivo.

A: "Você quer ver o meu peru..." [imitando a voz do noivo].

A noiva pulou nele e deu uma mordida no peru com muita força (B. comentou que ela queria arrancar o peru dele). O noivo se defendeu.

A: "Ela quer arrancar o peru dele, porque assim eles ficam iguais."

O noivo foi para casa e dormiu na sua cama. Enquanto isso, B. me pediu para arrumar outra namorada para o noivo. Peguei então uma boneca na caixa.

B.: "Não, essa não! Essa é a filha da noiva! Pega outra... ah... faz uma de toquinho!"

Desenhei então uma mulher pelada no toquinho de madeira. Ele a tomou de mim e disse que estava linda e que seria dele, mas queria que eu fizesse outra namorada para o noivo. Assim que a boneca ficou pronta, fiz o noivo dar um abraço nela. Ele ficou totalmente transtornado e disse: "Elas estão mortas!"

B. recomeçou o jogo de sedução, a noiva chamando pelo noivo, para que desse um beijo em sua "tetereca". Mas quando ele se aproximava, ela fugia para o seu castelo, no fundo do mar, porque tinha virado uma sereia. Eu comentei "É, ficou sem tetereca!", e, imitando a voz do noivo, passei a gritar: "Por que você foge de mim? Você quer que eu beije sua tetereca, que eu encoste o peru nela, mas foge de mim..."

B. então ordenou que fosse desenhada uma polva,[2] explicando que ela era a bruxa que transformou a noiva em sereia e não deixava ela beijar o noivo. A polva tinha batom, unha pintada em todos os tentáculos e um espelho que via tudo no fundo do mar.

Apesar de todo o controle da polva, os noivos acabaram se beijando, e a polva, "por castigo", roubou a voz da noiva e a prendeu num medalhão que ficava dependurado no pescoço da polva, e a noiva ficou com o buraco da voz (Figura 4.2).

B.: "Ela fez isso para o noivo não gostar mais da noiva."

A noiva ia cantar, mas a sua voz não saía, e, assim, os dois, novamente, não conseguiam se beijar.

A polva foi atacada por muçarelas e queijos derretidos. O medalhão foi roubado, e a voz voltou para a noiva. Os noivos começam a se beijar e se esfregar... só que aí a polva viu, e a noiva virou sereia novamente.

---

2 A enorme figura grotesca e medonha da mãe/polva era levada e trazida de sua casa, dia após dia, até ter desaparecido.

Figura 4.2 A noiva com o buraco da voz.

Um olhar mais atento para o conteúdo dessa sessão nos mostra que ela começou trazendo uma novidade: o homem podia rebolar. No entanto, algo permanecia idêntico: a mulher não podia permitir que o homem tivesse iniciativa. Assim, quando o meu personagem chamou a noiva para rebolar também, a reação de B.

mostrou que havia sentido o convite como intrusivo e sexualizado. Ou seja, o noivo podia rebolar, mas não podia assumir um papel ativo. Esse temor era provavelmente o responsável pelo fato de ele ter atribuído a mim o papel do homem, numa manobra esperta para que não houvesse risco de ele se sentir intimidado ou ameaçado pela mulher. Num plano transferencial, esse mesmo movimento podia ser lido como uma demanda de que eu tivesse uma intervenção menos ativa, pois, quanto mais eu agisse, mais medo ele teria de ser castrado.[3]

Embora B. ainda temesse muito a mulher, a ponto de encarnar a "fantasia da vagina dentada",[4] temos de reconhecer que havia algo mais naquela cena da noiva avançando sobre o noivo para "arrrancar a dentadas o seu peru". A crueza desse *flash*, típico do processo primário, ilustrava um pico de angústia causado pela força do sadismo oral e mostrava que B. estava tentando encontrar um desfecho diferente para tal angústia, mobilizando, inclusive, defesas para enganar a mãe/vampira. Tudo leva a crer que a tão

---

3 Do ponto de vista técnico, era recomendável que, a partir de então, eu deixasse que ele dirigisse completamente as sessões, mesmo que com isso elas ficassem bem mais monótonas. Eu deveria aguardar as suas ordens, e a cada uma que ele desse, eu deveria pedir detalhes de como fazer. A intenção, portanto, era deixá-lo experienciar a atividade e o papel de homem. Assim, por exemplo, mesmo ele atribuindo a mim o papel do homem, eu passei a lhe dizer: "me mostra como é que ele tem de fazer...". Ele mostrava, e eu repetia os gestos com o boneco.

4 A "fantasia da vagina dentada", tão frequentemente mencionada na literatura psicanalítica, é estudada por Klein em seu artigo "Estágios iniciais do conflito edipiano e da formação do superego" (1932), a partir do qual a autora constata que, de fato, "no inconsciente a vagina representa uma abertura perigosa" (p. 158). A proeminência dessa fantasia nas disfunções sexuais dos homens pode ser constatada em diversos casos clínicos que estudei em minha tese de doutorado, *Ejaculação precoce e disfunção erétil*: uma abordagem psicanalítica (2000).

130 O CANTO DA SEREIA

"temida" castração tinha uma finalidade imaginária: afinal, o que a mãe veria a partir de então? Nada![5]

Essa manobra ilustra claramente que a castração não era apenas temida, mas também desejada. Temos de nos lembrar que a visão da mãe ameaçadora antecede a castração, é mais primária, fazendo com que esse caso clínico mostre que o desejo de castração também pode estar a serviço da conservação da vida. Apesar de estar questionando esse preço, ele o pagava: diante do terror que sentia pela mãe, protegia-se da angústia de despedaçamento oferecendo o peru para não ser despedaçado. Ou seja, enxergamos aí o esboço da castração como defesa: para que a mãe seja aplacada (tendo um peru dentro de si) e o filho não seja destruído. Essa é a hipótese mestra que sustentaremos a partir de então, ao considerarmos como angústia predominante nesse menino a angústia de despedaçamento. Entretanto, se o grande risco era o de desintegração, consequentemente, os conteúdos fantasmáticos apresentados em análise estavam mais próximos da "Cabeça de Medusa" do que de Hans.

Contudo, mesmo tendo medo da proximidade psíquica, B. parecia querer buscar uma mulher menos brutal, e por isso me pediu para arrumar outra namorada para o noivo. Como nesse momento, porém, a clivagem entre as tópicas havia sido recomposta, a censura vociferou: "não, essa não, essa é filha da noiva!", mostrando que ele já tinha noção da interdição do incesto. Todavia, se a visão do homem nu lhe era assustadora, fazendo, inclusive, que só eu pudesse desenhar o peru do noivo, a visão da mulher nua pareceu lhe causar

---

5 Cena que nos lembra a da bruxa do conto infantil João e Maria, quando a bruxa quer que João engorde para que ela possa comê-lo. O menino, então, percebendo essa intenção, engana a bruxa míope, colocando no lugar de seu dedo um osso de galinha, para que ela pensasse que ele ainda estava bem magrinho, e que não tinha carne para ser comido.

fascínio, pois ele tomou, imediatamente, a namorada do noivo para si, achando-a linda. Porém, quando o noivo abraçou a outra namorada deu-se a sentença: quando há uma cena de amor, alguém tem de morrer. Temos aqui três possibilidades – que ficarão em aberto até que avancemos mais no material: teria matado as noivas porque ficou com medo de ser atacado por tantas mulheres,[6] porque teve ciúmes do pai com elas ou teria feito isso mais por sadismo e por estar identificado com a falicidade da mulher?

Vimos então surgir um novo movimento: em lugar da eliminação radical da "terereca", como fizera em outras épocas, agora ele queria que a "terereca" fosse beijada, reverenciada. Apesar de considerar que a interpretação dada estava correta – afinal, virar sereia é um recurso para ficar sem "terereca" –, reconheço que estava incompleta, pois temos de lembrar que o rabo da sereia é fálico em sua forma (na Figura 4.1 ele até parece com as garras cortantes de um caranguejo) e pode ter sido o significante eleito para representar uma condensação que descartaria a necessidade de escolher uma das possibilidades de identificação sexual: ser homem ou mulher – podendo ficar apenas no jogo de sedução, fugindo da possibilidade real de encontro sexual.

É preciso reconhecer, no entanto, que possivelmente algo novo estivesse se configurando, a ponto de deixá-lo radiante e livre para desenhar com tranquilidade, pela primeira vez, uma mulher nua (Figura 4.2). É claro que para ele essa era a mais perfeita representação de uma mulher castrada: primeiro, por estar sem as roupas e acessórios que a seu ver davam poder à mulher; segundo, por ter um furo no pescoço e estar vazada e sem voz. Aliás, chego a achar que é bem provável que, naquele momento, esse fosse o seu autorretrato.

---

6   Será que o fato de eu ter desenhado as bonecas nuas teria tido alguma influência na sua reação? Isso é algo a ser considerado, pois sabemos que, quando uma criança pede que desenhemos alguém, devemos fazer o personagem com roupas.

132 O CANTO DA SEREIA

A força dessa fantasia, provavelmente, foi a responsável por ele ter ficado totalmente envolvido com o filme da Disney *A pequena sereia*. A trama do filme era mesmo fantástica para ilustrar o drama dele: ceder o que se tem de mais valioso não garante que se terá o que se quer. Apesar de a transformação da sereia em mulher mostrar que ele estava buscando algo que permitisse a relação entre as pessoas, o drama da sereia dava uma resposta que abalava frontalmente a solução recém-adquirida: só o corpo não permite o encontro de nada, pois a voz é fundamental!

Nessa sessão surgiu então mais um deslizamento metonímico na série de mulheres controladoras e intrusivas, a polva, que vai trazer a faceta persecutória da mulher. Se a aranha (que tantas vezes havia usado para representar a sua mãe) prendia a vítima na teia, imobilizando-a para que fizesse o que ela queria, e a vampira sugava a alma da vítima, fazendo com que ficasse dependente dela, da polva não havia como se esconder, pois ela tinha um espelho que tudo via. Essa imagem brutal, mas muito feminina, pode ser comparada com um outro desenho que ele fez nessa mesma época, tentando me mostrar quão controladora era sua mãe. A Figura 4.3, "A mãe/cenoura", foi feita numa sessão em que ele estava bem menos angustiado. De fato, é uma elaboração mais requintada da representação da polva que tudo via e controlava; no entanto, é possível observar que foi produzida dentro dos moldes do processo secundário. Retrata a típica mãe obsessiva, que está sempre vigilante e que fica tentando balancear a alimentação, as verduras, os legumes, e vai dizendo: "coma, a cenoura é boa para a sua pele... isso é vitamina...".[7] Esse desenho expressa a

---

7   Na realidade sua mãe era muito obsessiva com a alimentação, a arrumação e a limpeza da casa. O conjunto desse desenho é uma perfeita representação de qualquer mãe obsessiva que se esmera em cuidar zelosamente da alimentação dos filhos, mas que acaba tomando ares persecutórios aos olhos das crianças. Tanto é que ele escolheu como significante o codinome "cenoura", que nos reenvia a um símbolo fálico e penetrante.

crítica que ele estava conseguindo fazer ao funcionamento psíquico dela, presente na ironia de que ela era composta de pedaços: cenouras, pepinos, ovos fritos. Achei surpreendente a sua capacidade de representar no desenho o movimento do rosto girando para os lados para ver tudo![8] Mas, afinal, o que havia de comum entre estas representações de mulher: a aranha, a vampira, a sereia, a polva e a cenoura? Sem dúvida alguma era a perversidade, pois todas seduziam com a finalidade de fazer o outro cair numa armadilha narcísica.

Figura 4.3 A mãe/cenoura.

---

8   O efeito visual dessa Figura 4.3 lembra-nos muito a montagem das *drag queens*.

Por um certo tempo, B. alardeou uma postura fálica e provocativa, sustentada pelo orgulho de ter um rabo de sereia, o que até o fez chegar a uma das sessões cantarolando "eu tenho, você não tem! Eu tenho, você não tem!",[9] mostrando um convite da festinha da Cinderela. Pediu que eu copiasse o desenho dessa personagem, mas logo notou que a réplica estava ficando tão gorda quanto a original, determinando assim que eu, imediatamente, parasse de desenhar, porque ela estava ficando feia. Em seguida, mudou de ideia, pedindo que eu fizesse uma outra boneca feia: careca, nariguda, com olhos feios, roupas velhas e rasgadas.

Estabeleceu-se, então, um diálogo entre as duas bonecas: Cinderela questionava a feiura da careca que tanto a incomodava e se oferecia para ajudá-la a ficar mais bonita: "eu faço outro nariz para você, eu te faço uma roupa, eu arrumo uma peruca..." Enquanto a Cinderela fazia suas propostas, notei que o desenho que eu havia feito tinha um formato do rosto parecido com o rosto de B. Lembrei-me, então, do movimento de sua mãe de sempre produzi-lo com roupas de grife e fiz uma intervenção em que correlacionava Cinderela com a mãe dele, enfeitando-o como se fosse uma menina. Ele prontamente aceitou a interpretação e deu sequência à dramatização, que logo evidenciou um problema: a boneca feia ficara dependente de Cinderela para sentir-se bonita, e quando ela sumia por muito tempo, a feiura voltava. Então, foi preciso que Cinderela jogasse um "pozinho" mágico, que conservava a beleza durante algum tempo. A boneca feia passou a relutar, dizendo que preferia ficar feia mesmo, mas Cinderela não deixava!

---

9   Essa música era de um comercial de tesouras para crianças, que instigava as crianças a comprarem aquele tipo de tesoura infantil e por isso mesmo foi logo proibido pelo Juizado da Infância e tirado do ar. É curioso que a isso podemos associar o fato de que na Figura 4.1 ele havia desenhado um rabo/tesoura na sereia que iria casar.

No fim da sessão, o impasse cristalizou-se: elas não podiam mais se separar, a boneca dependia totalmente de Cinderela, que resolveu então jogar pó em excesso para protegê-la contra a perda da beleza. Nesse momento foi possível conversar com ele sobre o seu direito de ser separado da mãe, diferente dela e também do modo como ela queria que ele fosse. Ele ouviu tudo o que eu disse e respondeu de modo dramático: colocou as bonecas em cantos diferentes, sofrendo e chorando.

Entrevista com os pais

A entrevista foi agendada após dois semestres de análise devido à necessidade que a mãe teve de falar sobre a sua animação diante do progresso que estava percebendo no trabalho analítico. De fato, ela estava menos angustiada, mas em compensação o pai de B. estava muito deprimido,[10] pois aquele ano havia sido especialmente complicado: seu estado emocional por causa do problema do garoto não lhe permitiu concluir seus trabalhos, levando-o a uma situação financeira difícil. Em razão disso, pensaram até em trocar de psicóloga, procurar alguém que aceitasse atender o menino com apenas uma sessão por semana. Mas acabaram desistindo dessa ideia, porque viam o vínculo que a criança tinha comigo e também gostavam do trabalho que estava sendo feito. O único porém é que continuavam muito irritados com as atitudes femininas de B., que não parava de pedir objetos cor-de-rosa e de se identificar com personagens femininos. O pai confessou ter perdido completamente a paciência com o "rebolar" do filho. Quando isso acontecia, ficava tão transtornado que precisava sair de casa por umas duas ou três horas até se acalmar e não fazer alguma besteira. Reconhecia que agora ele

---

10   Esta é outra passagem que ilustra a complementariedade que existia entre eles: quando um estava bem, o outro ficava desanimado.

136   O CANTO DA SEREIA

é que estava precisando de ajuda terapêutica, mas que não ousava nem pensar nisso, pois a mulher e o filho precisavam muito mais.

Eles se lembraram então de quanto B. estava mais ousado em suas atividades motoras, mais interessado em brincar com meninos e mais rebelde e questionador com os pais. Uma grande reivindicação dele era a de ter algum canto na casa onde pudesse organizar tudo a seu modo. A mãe confessou que não conseguia permitir isso de jeito algum, e o pai, aborrecido, completou que ela não respeitava sequer a escolha de roupas que o garoto fazia.

Apesar da minha observação de que vários sinais denotavam quanto a análise estava fazendo bem ao garoto, pois ele estava alegre, solto, dando gargalhadas e gritos excitados, eu não conseguia deixar de me contaminar pela angústia dos pais diante do "rebolar da sereia". Sentia que a pressão para que eu o retirasse de seu mundo cor-de-rosa aumentava cada vez mais, a ponto de colocar todo o processo analítico em risco. Eu já havia acompanhado em análise outros meninos com tendências homossexuais, e tinha sido tão mais leve, a criança não sofria, os pais aceitavam com respeito o encaminhamento da identidade sexual da criança! No entanto, naquele caso não era assim que as coisas se passavam, pois a angústia dele e dos pais era pesada demais, invadia o meu psiquismo, e me fazia demandar supervisão constantemente. Nesse espaço didático fundamental para partilhar os nossos pontos cegos, na supervisão, eu conseguia forças para continuar a acreditar que o exagero do "rebolar da sereia" era um disfarce para protegê-lo da opressão da figura feminina que o perseguia sob as mais variadas máscaras. Concluía, então, que só de ajudá-lo a passar suas vivências para o registro psíquico, eu desobstruía os caminhos para que ele pudesse, futuramente, vivenciar sua sexualidade de modo harmônico com os seus desejos.

5. Ensaios edipianos: nem príncipe, nem princesa

> "É essencial compreender claramente que os conceitos de 'masculino' e 'feminino', cujo significado parece tão inequívoco às pessoas comuns, estão entre os mais confusos que ocorrem na ciência."
>
> Sigmund Freud, *Três ensaios sobre a teoria da sexualidade*[1]

Se durante o primeiro ano de análise pude contar com o apoio amplo e irrestrito dos pais de B., o mesmo não aconteceu no segundo ano, em que houve inúmeras faltas às sessões e muita atuação. O vínculo transferencial deles comigo foi se dissolvendo pouco a pouco, na proporção direta em que aumentava a cobrança deles de que B. saísse de seu mundo cor-de-rosa. Alegavam que estavam cansados, com dificuldades financeiras e que todo mundo na cidade só fazia uma sessão por semana e que eu deveria ceder nesse ponto. Na ocasião, o peso da cobrança dos pais de que os sintomas desaparecessem e a dificuldade em criar condições para que B. conseguisse encontrar outros caminhos identificatórios fizeram

---

1   Freud, 1915[1905], p. 226.

138 ENSAIOS EDIPIANOS: NEM PRÍNCIPE, NEM PRINCESA

com que eu não cedesse no número de sessões e sim no valor do pagamento. Anos depois, quando a experiência analítica conseguiu me amadurecer a ponto de eu poder reconhecer que a flexibilidade clínica pode ser uma virtude e não uma falta de segurança, enxerguei com clareza que deveria ter diminuído o número de sessões, talvez para duas por semana. Penso que essa medida poderia ter aplacado, parcialmente, as atuações em que os pais se lançaram. Infelizmente, esse é o limite científico da psicanálise, não há como repetir o experimento com outras variáveis, de modo que só posso fazer um *mea culpa* e reconhecer que ouvi mais o meu furor *curandis* do que os limites reais daqueles pais.

Na verdade, hoje acredito piamente que, quando acaba o empenho dos pais em manter o analista na função analítica, não adianta mais prosseguir o trabalho com a criança, pois em breve o seu vínculo transferencial também irá se dissolver – as próximas sessões que vou relatar vão mostrar a transferência negativa invadindo o vínculo comigo. Portanto, a análise de B. deveria ter sido interrompida naquele momento, quando eles admitiram estar sondando outros profissionais que pudessem aceitar o caso. Eu deveria ter me resignado com o desfecho, afinal, um bom caminho tinha sido percorrido: havíamos trabalhado profundamente a temática da inveja da mulher, a fantasmagoria da mãe primitiva e devoradora. Era, portanto, hora de auferir os lucros e sair de cena. Mas eu apostava no processo analítico da mãe e queria muito assistir ao que se anunciava em alto e bom som: que B. arriscaria alguns ensaios edipianos.

O Paes Mendonça

De fato, tais ensaios foram iniciados pela vazão dada a seus impulsos de furar a completude da mulher/analista. Assim, ao entrar na sala, B. espetou meu traseiro com um lápis e, pela primeira vez, pegou um papel para desenhar seu pai. Procurou fazer uma cópia fidedigna, com a mesma cor de olhos e cabelos, indo à sala de espera para ver como eram os óculos dele. A figura ficou de um tamanho pequeno perto da mãe que foi desenhada ao lado, com caracteres físicos totalmente diferentes da realidade. Ou seja, o pai do par parental que ele queria examinar deveria ser semelhante ao pai real, mas a mãe precisava ser muito diferente – o que nos mostra a evidência de que queria imaginar como seria um par parental formado pelo pai e uma mulher diferente da mãe dele. Mas tão logo B. completou esse desenho, resolveu apagá-lo. Questionado sobre as razões desse gesto, ele prontamente respondeu: "Eles estão perto demais!".

A: "Você quer os dois mais separados! Mulher é uma coisa, homem é outra coisa!"

Ele concordou e fez um traço separando os dois, mas abandonou aquele desenho.

Espetando novamente meu traseiro com o lápis, solicitou que eu me desenhasse junto ao meu namorado.

A: "Você quer ver o par que eu formo com outro homem, quer ver um casal diferente."

B: "Sim, e vocês vão no Supermercado Paes Mendonça."

Fiz um desenho que me representava, mas, quando completei o meu namorado, B. ficou totalmente transtornado, mostrando que, apesar de querer conhecer a intimidade de outros casais, estava longe de aceitar ver essa cena, resignando-se a ser o terceiro excluído. No furor de querer destruir o novo par, começou por transformar, imediatamente, o meu namorado em mulher – como se não suportasse ver um casal heterossexual. Em seguida, passou a furar com o lápis o meu traseiro no desenho, fazendo com que jorrasse sangue até formar uma poça. Fez o mesmo com o homem, só que o feriu tanto que o sangue cobriu quase todo o desenho. Logo após essa cena plástica, que reafirmava aquela antiga equação imaginária pênis = agressividade, a qual repre-

140 ENSAIOS EDIPIANOS: NEM PRÍNCIPE, NEM PRINCESA

sentava simbolicamente a capacidade destrutiva do pênis em suas fantasias, ele passou a me dar tapas desajeitados e fracos. Levando em conta quão difícil era para ele expressar diretamente sua agressividade em atos físicos, achei importante permitir por um tempo tais atos, só para ver "no que daria". Usei apenas uma almofada como escudo, e deixei que ele desse socos e chutes. Comentei que ele queria tentar me mostrar que, se quisesse, poderia usar sua força de homem, e que isso nem era tão perigoso como ele pensava. Mas ele não conseguia parar mais com os ataques e justificava que precisava mesmo dar muitos socos nas meninas de sua sala – justamente naquelas com quem ele ficava mais grudado, fingindo ser uma delas. Dizia que sua intenção era de que elas fossem reclamar dele com a professora. Mas qual seria o sentido disso para ele? Penso que, talvez, ser denunciado como agressor de meninas para uma figura feminina de autoridade fosse um modo de quebrar de vez a aliança com as mulheres. Enfim, fosse como fosse, era um anúncio de que a necessidade de desbancar o poderio feminino recomeçava a aparecer.

Uma outra expressão dessa mesma vontade pôde ser vista quando ele, em outras sessões, passou a solicitar que eu fizesse desenhos que tivessem um pai e uma mãe. Assim que eu acabava o desenho, ele fazia vinculações explícitas entre a mãe e a minha pessoa, ridicularizando-nos com palavras como: "A mãe ficou bocuda! A Cassandra é bocuda! Há! Há! Há!". Mas o enfrentamento não parava por aí, e quando o desenho do homem/pai ficava pronto, a mulher/mãe, conforme o esperado, passava a tentar transformá-lo em mulher, desenhando peruca e "tererecas" nele. Então, a minha pergunta do que deveria ser feito era respondida enfaticamente: "Desmancha o que ela fez!". Desejo ecoado por mim com as seguintes palavras: "Você quer mesmo que eu dê força para a sua vontade de poder ser homem". Concordando plenamente com o que eu havia dito, ele passou a se deliciar com repetições da mesma cena e com meus gestos; eu, de borracha em punho, apagava a peruca e a "te-rereca" que a mulher havia desenhado.

Era exatamente isso que ele queria, liberdade para poder ser homem, mas, para consegui-lo, iniciou seus experimentos laboratoriais, levou um vidro de água-benta para a sessão, usando-a contra a vampira, passando-a no pescoço dele e no meu. Porém, em um dia no qual estava muito agitado e, por isso mesmo, estabanado, quebrou o tal vidro de água-benta. Enquanto me ajudava a catar os cacos do vidro, disse em tom de ódio, imitando a voz da mãe: "Você vai ver só, eu vou enfiar todos esses cacos na sua 'teteca', vou cortá-la toda, vou arrancar ela e você vai ficar só com o 'pinto'!". Essa fala evidenciava que ele ainda estava sob os efeitos daquela ilusão fálica de que poderia ter as genitálias tanto do homem quanto da mulher. Mas a culpa por estar usando água-benta contra a vampira/mãe fez com que ele imaginasse que a retaliação e as ameaças castrativas dela agora se redirecionassem: em vez de lhe cortar o "peru", agora ela iria retirar-lhe a "teteca", reduzindo-o a "apenas" um homem.

Apesar do jeito canhestro e desvalorizador da figura masculina contida nessa profecia imaginária da mãe, isso nos mostrava, por outro lado, que o brado da castração era agora ouvido, e ele não mais dava de ombros ou imaginava soluções mágicas para anular a sua força. No lugar disso, vivenciava, mesmo que de modo fugaz, a angústia de castração. Tanto é que, em uma das sessões daquela época, ele chegou desesperado, perguntando: "Eu derrubei a corrente, será que o guarda vai me prender? Responde, Cassandra, o guarda vai me prender?" (referindo-se à corrente do estacionamento ao lado do consultório). Chorava convulsivamente, dizendo: "Eu vou ficar sem a minha mãe... Eu não quero ficar sem a minha mãe e o meu pai!". Eu nunca o tinha visto naquele estado, pois as suas sessões costumavam ter sempre um colorido maníaco e, portanto, reconheci que aquela era uma aparição de rudimentos

142 ENSAIOS EDIPIANOS: NEM PRÍNCIPE, NEM PRINCESA

do que Klein costumava chamar de "superego tirânico", formado a partir da vivência da figura combinada dos pais. Se, por um lado, o seu par parental não tinha força suficiente para lhe imprimir essa vivência de exclusão, que é matricial do Édipo, parecia que o novo par que ele constituíra transferencialmente (eu e o guarda) tinham força em excesso, e daí sobreveio o tamanho do seu desespero. Apesar de eu ter tentado de várias maneiras acalmá-lo, infelizmente, não consegui formular uma interpretação que conseguisse dar continência aos seus temores. Então ele passou a não querer comparecer às sessões seguintes, alegando que estava muito mal-humorado – quando, na verdade, ele estava era visivelmente com medo do guarda, ou, talvez, de mim e do guarda.

Passado um tempo, porém, o seu estilo predominantemente projetivo de lidar com as angústias deu um novo direcionamento para sua angústia de castração, experimentando um outro ensaio edipiano. Identificando-se com uma mulher (filha?), passou a disputar o pai com a mãe, escondendo, assim, mais uma vez, o seu pênis. Mas era evidente que ele estava querendo uma proximidade com o pai, uma intimidade maior, algo que nunca havia buscado. E quando eu lhe disse isso, ele então me concedeu a honra de escolher na revista um namorado para a Natasha. Eu escolhi um personagem que era parecido com o pai dele, copiei de corpo inteiro e dei o mesmo nome do pai, só que no aumentativo. Confesso que nem percebi que oferecia a ele (identificado sempre com a Natasha) o pai como namorado. No entanto, ele parece ter reconhecido imediatamente essa situação, pois, apesar de ter caído na risada, quando foi recortar as pernas do personagem, tirou toda a parte do zíper da calça, de modo que o boneco ficou com um buraco no meio das pernas.

B.: "O que era isso, Cassandra?"

A: "O que você acha?"

B.: "Que era o pipi dele."

O boneco foi então namorar com a Natasha, mas ela logo descobriu que ele não tinha pipi e o rejeitou.

Podemos aqui traçar duas linhas de raciocínio clínico, uma que iria na direção do Édipo direto, e a outra, na do Édipo invertido. No primeiro ensaio, ele estaria vivenciando intensamente a angústia de castração, e castraria o pai (e até aquele meu namorado), antes de ser castrado – e com isso não só preservaria o seu pênis, mas também atenderia ao seu desejo de ser o escolhido. No segundo ensaio, ele estaria mostrando que, mesmo identificado com a Natasha ou com a mãe, esse homem não exerceria fascínio sobre ele – exatamente por ser um homem castrado –, algo como se ele cobiçasse o pai mas, ao experimentá-lo, descobrisse que ele não tinha a força de homem de que tanto precisava. O agravante era que essa percepção da fraqueza do pai como figura de referência enquanto homem era tão evidente para ele que instaurava um grande impasse capaz de paralisar o desenvolvimento do seu Édipo em qualquer das duas direções. A prova disso é que, a partir de então, nas brincadeiras seguintes, a relação entre Natasha e o pai ficava interditada porque ela costumava ficar hipnotizada, sob o jugo de outrem, e o pai castrado não podia ajudá-la. Poderíamos reconhecer no congelamento dessa cena o último capítulo dessa novela que acompanhávamos com tanto encantamento? Seria esse o limite para a análise de B. na infância, ou seja, deixar registrada a sua denúncia de que havia um comprometimento na relação dele com o pai – um anulando a potência do outro – e, talvez por isso, ele não conseguisse avançar na eleição de objeto, ficando tudo num plano narcísico? Tendo a crer que de fato essa era a cena que a amnésia infantil trataria de recalcar por muitos anos, pois condensava todos os impasses dos ensaios edipianos a que B. ainda se lançaria por mais um ano de análise.

Atravessamos, então, um período difícil, em que os pais atuaram de diversas maneiras, mas, em vez do que havia ocorrido antes,

144 ENSAIOS EDIPIANOS: NEM PRÍNCIPE, NEM PRINCESA

agora era o pai quem queria dar um intervalo de alguns meses na terapia, ou então interromper, por não aceitar pagar um preço menor do que os outros clientes. A mãe tomou a frente, negociou e começou a reclamar do companheiro:

> *Ele não decide nada... Antes eu achava isso legal, ele deixar que eu decida tudo, mas agora vejo que isso é comodismo. Se tomo uma decisão errada, aí ele só me culpa. Mas eu ainda não consegui falar isso para ele, ainda é cedo... ele nega tudo! Eu sempre achei que a culpa toda do problema do B. era minha, mas agora vejo que ele também tem culpa e mesmo sem que eu gostasse, ele tinha de sair com B.*

Por essa fala da mãe vemos que sua análise estava começando a surtir efeitos: ela já conseguia ter uma visão crítica do companheiro, admitia que até então gostara de decidir tudo e que de fato havia interditado a aproximação entre o pai e o menino.

A essa altura do tratamento psicoterápico, o funcionamento psíquico de B. estava bem mais evoluído, o que pode ser comprovado pelo desenho que ele fazia das figuras humanas, como pode ser observado na Figura 5.1, "Uma mulher e um homem". Esse desenho, feito com a ressalva de que não se tratava de seus pais (tanto que os caracteres físicos eram completamente diferentes), reflete a capacidade que ele havia desenvolvido de perceber e representar tão bem os traços fisionômicos a ponto de poder projetar na expressão facial os estados de ânimo que percebia, naquele momento, no rosto dos pais: a mãe mais alegre e otimista e o pai preocupado e sério. A mulher tem uma estrutura física forte, está vestida de modo sóbrio, com um vestido curto, e não mais com vestidos esvoaçantes de princesa. Tem o pescoço bem demarcado, o que, segundo as orientações de análise de desenhos da figura humana, representa um bom indicador de que há no psiquismo da criança um controle dos impulsos do id, ou seja, um funcionamento superegoico. O rosto do homem apresenta orelhas, o que costuma ser raro no desenho de uma criança de 6 anos e meio de idade. Poderia a presença das orelhas refletir a sua percepção de que o pai tinha uma disponibilidade maior para escutá-lo? No entanto, curiosamente, o homem parecia alçar voo, vestido com a fantasia de um tirolês. Como ele não fez associações sobre esse desenho, podemos apenas observar a forma esmerada e o colorido caprichado da pele dessas figuras.

Figura 5.1 Uma mulher e um homem.

A pequena sereia

Apesar de essa última representação gráfica nos mostrar que B. já estabelecia relações mais estáveis com o princípio da realidade, em seu imaginário as fantasias ainda se agitavam pedindo elaborações que pudessem conter o turbilhão de afetos que eram desencadeados pelo contraste entre seus impulsos internos e as marcações do par parental. Os últimos meses da análise de B. foram marcados por encenações que repetiam, incessantemente, o roteiro do filme *A pequena sereia*. Algumas vezes era como se estivéssemos assistindo ao filme inteiro, e somente em algumas sessões ele alterava o roteiro, introduzindo mudanças no comportamento dos personagens. Antes de narrar uma dessas sessões, vou resumir, em poucas palavras, a trama do filme, para aqueles que ainda não a conhecem.

O filme narra a história de Ariel, uma sereia de 16 anos, filha de Tritão, o rei do mar. Ela é infeliz por se sentir presa nas águas do mar, sem possibilidade de conhecer os humanos. Sua curiosidade por eles é tamanha que guarda numa caverna submarina uma coleção de objetos utilizados pelos humanos. Para esse refúgio, vai sempre que quer sonhar em ter pés, poder andar, dançar... Fica tão entretida nesse mundo, sonhando com o que não pode ser, que acaba decepcionando o pai por não comparecer aos compromissos com ele e as irmãs. O próximo desenho, Figura 5.2, mostra o momento em que Ariel está sonhando o que poderia fazer se, em vez de rabo de sereia, tivesse pernas e tudo o mais que uma "humana" tem. Os olhos sem pupilas servem para mostrar que ela está sonhando acordada. Nota-se que o sonho sai do coração e que a sereia tem as feições da boneca Mônica (personagem do Maurício de Souza) – a única com quem o pai lhe deixara brincar.

Figura 5.2 O sonho de Ariel.

Em um dia em que estava espiando os humanos no convés de um navio, Ariel vê o príncipe Eric e, imediatamente, se apaixona por ele. Sobrevém uma tempestade violenta, o navio naufraga, mas Ariel consegue salvar o seu amado. Tendo-o em seus braços, canta até que ele acorde, quando então precisa fugir apressadamente. O príncipe fica apaixonado por aquela voz maravilhosa e passa a procurar sua dona por todos os lados.

Enquanto isso, Tritão descobre que Ariel salvou a vida de um humano, e mais ainda, que ela está apaixonada por um homem. Fica enfurecido e destrói todos os objetos de sua caverna submarina, inclusive uma estátua do príncipe. As relações entre pai e filha são rompidas, e Ariel foge para bem longe. Úrsula, a bruxa do mar (a polva), que era inimiga do rei Tritão, porque este a expulsara de seu palácio havia muito tempo, estava sempre vigiando Ariel, pois

148 ENSAIOS EDIPIANOS: NEM PRÍNCIPE, NEM PRINCESA

planejava uma vingança. Enxergando essa situação, a bruxa resolve tirar proveito – seduz Ariel com uma proposta de virar humana, pedindo em troca a sua voz, induzindo a sereia a assinar um pacto fatal: se em três dias ela conseguisse fazer com que o príncipe a beijasse, poderia continuar sendo mulher, mas, se não conseguisse, perderia a voz para sempre.

Ariel experimenta a tão sonhada sensação de ter pernas e de ser uma mulher, mas, então, se depara com a grande limitação imposta pela falta da voz. Não consegue mostrar ao príncipe que era a dona da voz tão maravilhosa pela qual ele se apaixonara. O que parecia um sonho transforma-se em uma terrível corrida contra o tempo, na qual Ariel deve conquistar o amor do príncipe e salvar a vida de seu pai. Mas, após dois dias, o príncipe começa a achar Ariel interessante e fica enamorado. Quando a polva percebe isso, resolve atrapalhar, agindo com desonestidade: transforma-se numa bela jovem, canta com aquela voz maravilhosa, que saía de uma concha pendente de um colar que ela trazia em seu pescoço, e consegue virar a noiva do príncipe. No entanto, na hora do casamento, os amigos do fundo do mar conseguem arrancar o colar do pescoço da bruxa; ao cair no chão a concha se quebra, libertando a voz que, sendo de Ariel, para sua legítima dona volta. A bruxa do mar fica furiosa e, como os três dias estavam se esgotando, grita para Ariel: "Agora você me pertence!", desaparecendo com a sereia no meio das ondas. No fundo do mar, Úrsula mostra a Tritão o contrato assinado, dizendo que só devolveria a liberdade a Ariel em troca da liberdade dele e do poder que estava no tridente que ele possuía. O rei adora tanto a filha que concorda com a troca. Enquanto Úrsula comemora o seu triunfo, porque agora mandará em todo o oceano, o arpão do príncipe Eric a fere. Ela fica de tal forma enfurecida que revolve toda a água do oceano e começa uma luta com Tritão pela posse do tridente. Perde a luta, é destruída e Ariel acaba se casando com o príncipe, com a aprovação de seu pai.

Em muitas sessões, B. ficava apenas cantando, melancolicamente, uma das músicas do filme, "Parte de seu mundo", cuja letra é um verdadeiro hino ao direito de subjetivação. Vamos acompanhá-la, não em sua versão brasileira, mas do modo como ele a cantava.

Hoje eu tenho uma porção de coisas lindas nesta coleção
Posso dizer que eu sou alguém que tem quase tudo
O meu tesouro é tão precioso
Tudo o que eu tenho é maravilhoso
Por isso eu posso dizer: sim, tenho quase tudo!

Essas coisas humanas são úteis
Mas pra mim são bonitas demais
Para o povo do mar são úteis
Mas, pra mim ainda é pouco... quero mais!

Eu quero estar onde o povo está
Eu quero ver um homem dançando e passeando...
Como ele chama? Ah... pés
Com barbatanas não se vai longe
Tem que ter pernas pra ir andando
Ou pra passear lá na...
Ah, como eles chamam? Ah... rua

150 ENSAIOS EDIPIANOS: NEM PRÍNCIPE, NEM PRINCESA

Quero saber, quero morar,
naquele mundo cheio de ar,
Tudo eu faria, eu só queria ser desse mundo

O que eu daria pela magia de ser humana
Eu pagaria só por um dia
Poder viver com aquela gente
E ficar fora dessas águas
Eu desejo, eu almejo este prazer

Eu quero saber o que eles sabem
Fazer perguntas, dizer respostas
O que é o fogo, o que é o mar
Será que eu posso ver?

Quero saber, quero morar
Naquele mundo cheio de ar
Tudo eu faria,
Eu só queria ser desse mundo

Uma análise dessa letra com a qual ele estava tão identificado permite-nos ouvir alguém que tem quase tudo de que precisa, menos a liberdade para dar à vida um outro rumo. Esse mundo cheio de ar para onde se quer ir é um lugar onde se pode fazer perguntas e dar respostas, entender os mistérios do fogo e do mar. É um pedido de uma chance de saída de uma vida instintual, para um processo de subjetivação. A sessão que passaremos a apresentar evidencia claramente as contraforças que dificultavam tal processo.

A face sereia da polva: sedutora e gostosa

B. entrou na sala mostrando uma moça supersensual, a Mônica (personagem de Maurício de Sousa), numa projeção do futuro, quando se tornaria uma mulher adulta. Comentei que ela tinha virado uma mulher de corpo bonito, "gostosa", como ele dizia. B. imediatamente indagou se eu achava que a mãe dele era assim, devolvi-lhe a pergunta e ele afirmou, categoricamente, que sim, ela era uma mulher gostosa. Pediu que eu fizesse uma cópia desse personagem, a quem nomeou como mãe, cuidando de colorir a sua pele e passando a dançar arremedando o jeito dela. Pediu apenas que eu apagasse um risquinho no biquíni dela, pois estava parecendo uma "tereca". Ao que tudo indica, ele não queria que ninguém visse que a mãe tinha "tereca", mas, sem esperar que eu começasse a executar a ordem, passou cuspe na borracha e foi esfregando o local. Repetiu muitas vezes a cena, até ir aproximando sua boca da "tereca". Fiz essa observação, e ele passou, de fato, a lamber diretamente a "tereca" dessa boneca/mãe, dizendo que ela era gostosa. De repente, parou, e disse que ia fazer uma tesoura. Copiou os contornos de uma tesoura verdadeira e coloriu com os mesmos tons da mulher. Quando ficou pronta, ele imediatamente começou a cantarolar para mim: "Eu tenho, você não tem! Eu tenho, você não tem!"

Pegou as pastas dos personagens e escolheu alguns para corresponder aos do filme d'*A pequena sereia*. O príncipe Eric seria aquele pai que fora namorado da Natasha, a abelha seria a polva, e assim por diante. Repetiu toda a encenação do filme até o ponto em que Ariel e o príncipe precisavam se beijar para quebrar o encanto, mas, quando isso ia acontecer, os jacarés da polva atrapalhavam.

A: "Você tem medo desta hora, em que o homem e a mulher vão beijar, vão transar... porque você acha que dentro da pererece

152 ENSAIOS EDIPIANOS: NEM PRÍNCIPE, NEM PRINCESA

da Ariel e de todas as mulheres tem uma tesoura destas, que pode cortar o 'pinto' do homem!"[2]

B., assustado, respondeu: "Não podem beijar!"

Eu, imitando a voz da sereia, perguntei-lhe: "O que foi Eric? Cadê o seu 'pinto'?"

B.: "A bruxa do mar cortou!"

A: "E como vamos namorar?"

B.: "Ela vai comprar um 'pinto' para ele" [e pega um pedaço de giz de cera].

Mas, na hora em que eles iam se encostar, Ariel virava sereia.

A: "É... não tem jeito mesmo! Você não consegue fazer essa experiência e descobrir o que acontecerá..."

A bruxa do mar voltou a aprontar para separar os dois, que ficaram impossibilitados de ter sexo. O príncipe acabou beijando a polva, que estava no corpo da personagem Maria Jeca, e fez um rombo enorme na "terereca" dela.

A sessão acabou, B. pegou o desenho da tesoura e disse para mim: "Eu tenho, você não tem!". Abriu a porta e disse para a mãe: "Mãe, eu vou cortar o seu 'pinto'!"

---

2 Eu estava aqui me referindo à fantasia da vagina dentada, que, na obra de Klein, é uma fantasia muito primitiva presente nas teorias sexuais das crianças, e que costuma aparecer por volta dos 3 anos de idade, quando ela está buscando uma explicação para justificar a diferença anatômica dos sexos. É como se ela imaginasse que a vagina morde o pênis, e vai guardando dentro de si esses pedaços.

Esse material nos permite ver como B. andava erotizando as suas relações com as mulheres. Na véspera dessa sessão, ele tinha cantado inúmeras vezes: "Cassandra, escandalosa, mas é gostosa!", mostrando nas revistas todas as mulheres que ele achava gostosas. Parecia estar vivendo um momento edípico, em que interpretava a atenção dada a ele por mim como um jogo erótico. Chamou minha atenção a tranquilidade com que ele se entregou a seus impulsos de lamber a "tererreca" da boneca/mãe, como se estivesse experimentando as carícias preliminares de um ato sexual. Desse contato tão íntimo com um órgão genital que não lhe era nem um pouco indiferente, pois sempre lhe trazia a ideia da bipartição da sexualidade, surgiu a associação com a tesoura, que classicamente é um símbolo fálico. O fato de tê-la colorido com as mesmas cores da mulher levaram-me a pensar que ele a teria associado a um artefato da genitália feminina, daí a minha intervenção acerca da fantasia da vagina dentada. Talvez tenha faltado convicção minha de que ele era um homem, e que tinha feito a tesoura para representar o seu "peru", e estava cantando aquela música para tentar provocar a minha inveja. Eu, inclusive, deveria ter dito algo como: "Você sabe que o seu 'peru' pode provocar inveja..." O próprio conceito kleiniano que eu usei naquele momento, o da fantasia da vagina dentada, permitia que eu entendesse também que aquela tesoura era dele, e que servia para entrar na vagina, e ir comendo, vencendo os pênis internos que ele achava que estavam lá e queriam comê-lo. O término dessa sessão mostrou que essa segunda corrente de raciocínio estava mais correta. De fato, ele estava encorajado a provocar inveja em mim e na mãe pelo fato de ter uma tesoura/"pinto". Dessa coragem veio a sua "audácia" em comunicar à mãe a sua decisão de cortar o "pinto" dela, fazendo-a assumir a sua feminilidade, a sua condição de ter um corpo de mulher, para que ele pudesse experimentar ser homem. Aliás, o fato de dizer que a polva ia comprar um "pinto" para ele era a prova de que ele sabia muito bem que só a mãe poderia lhe dar o direito de ter um "pinto". O tempo logo mostraria que essa ameaça à mãe não seria aceita impunemente, e que ela trataria de revidá-la, mostrando que não abria mão de sua condição fálica – respondendo, assim, a uma questão que era básica para o menino, qual seja, a de saber quem era mais forte, a vagina da mãe ou o pênis do pai.

O rombo na "tereca" da Maria Jeca (uma das personagens que ele criou) mostrou que, no imaginário de B., o "pinto" deveria ser o mais forte, tanto é que a mãe o queria para si. Aliás, o que ele vivenciava era um medo muito grande do pênis – esse era o outro motivo para ele ter feito um buraco no meio das pernas de um guarda que representava seu pai, e era o que justificava o adiamento tão prolongado de sua permissão para que o casal (Ariel e Eric) tivesse uma relação sexual. O interessante foi que a experiência da penetração, cujo efeito mais parecia o de um estupro, só pôde ser feita quando a polva entrou no corpo da Maria Jeca. Estaria com isso querendo apontar que era nessa faceta desonesta da mulher que precisava ser feito o furo que ele tanto vinha anunciando?

Mas, afinal, por que não era possível a penetração na sereia? Qual seria o interdito vigente? Penso que o enigma da interdição do beijo e da transa entre a sereia e o príncipe Erick pode ser decifrado se levarmos em conta que B. estava realizando múltiplas identificações clivadas, projetando nesses personagens tanto o seu lado feminino e masculino quanto as figuras da mãe e do pai. As identificações se cruzavam em todas as direções possíveis: a sereia representava o lado feminino de B., a mãe sedutora, a analista gostosa, a fragilidade do pai; e o príncipe Eric representava o lado masculino de B., a possibilidade de aliança com o pai, a minha força para tirá-lo do fundo das águas. Assim, por mais que seus experimentos girassem o caleidoscópio de identificações, reinava soberanamente a interdição do incesto – fato curioso e que nos mostra como o aparelho psíquico desenvolve em ritmos diferentes os vários *fueros* de que é composto.

Ainda desempenhando um papel masculino ativo, como vinha fazendo ao se identificar e falar do lugar do príncipe Eric, dois meses depois da última sessão narrada, B. recortou de uma revista uma mulher enorme, que estava deitada, languidamente, sobre um lençol de cetim. Colocou cabelos longos nela e pediu que eu procurasse também um homem bem grande para ser o namorado dela. Escolhemos um senhor calvo e de óculos. B. mediu e disse que eu emendasse o corpo dele para ficar do tamanho do corpo dela. Eles começaram então a namorar, um deitado sobre o outro. Ele pegou na mão do homem e, em silêncio, passou toda a sessão afagando o corpo da mulher, mostrando que estava gostando muito do que fazia. Fascinado com a beleza dela, pediu que eu a recortasse da cama, para levá-la para casa, pois não conseguia se separar dela. Foi uma vivência muito serena, sem qualquer sinal de angústia castrativa.

No dia seguinte, entrou na sala contando que não trouxe a mulher de volta porque sua mãe jogara fora, pensando que era lixo. A mãe não costumava ter esse hábito, mas, como isso foi dito na frente dela, que nada retrucou, pareceu-me ser verdade – o que não deixa de ser significativo. Afinal, diante da crença que ele tinha de que ela não queria que ele fosse homem, essa atitude fatalmente seria interpretada por ele como uma prova concreta de que aquela experiência que tivera pela primeira vez, vivenciando a sua masculinidade e tocando eroticamente uma mulher, não tinha valor algum para sua mãe. O tempo logo tratou de mostrar-nos que esse paradoxo era mesmo forte como imaginávamos.

156 ENSAIOS EDIPIANOS: NEM PRÍNCIPE, NEM PRINCESA

A outra face da polva: traiçoeira e desonesta

Nas primeiras sessões daquele que seria o terceiro ano de tratamento de B., fizemos desenhos que foram sendo emendados, para que no verso pudesse ser escrita a história da pequena sereia, com um roteiro ditado por ele, que, na verdade, havia decorado todos os diálogos e músicas do filme. Era impressionante a sua identificação maciça com o drama vivido pela personagem principal! Enquanto ditava a réplica da história original, introduzia algumas expressões genuinamente suas, como: "A invejosa da Úrsula falou assim: 'não vai ter casamento bosta nenhuma!'"; "Tritão fazendo ruindade com Ariel"; "os lindos animais da Úrsula atacaram a menina Ariel"; "Úrsula, a maldita, mentirosa". Expressões que mostravam quanto ele estava imerso na trama, a ponto de ter feito uma alteração muito significativa no final desta:

> Úrsula ficou uma nervosia e pulou no mar com Ariel. E aí teve uma maior briga: Úrsula transformou o rei Tritão em minhoca. Aí Ariel ficou chorando na frente do pai e a Úrsula falava: "Você é minha filha!". Ariel falava: "Você não é minha mãe! Você é má e nunca vou cair nas suas garras! Nunca!". Daí Úrsula cresceu, e Erick encontrou Ariel. Úrsula grande nem dava para enxergar... uma gigante má! E o Eric encontrou Ariel e foi buscar o barco – e matou a Úrsula. E aí casaram e ficaram felizes para sempre!

Essa alteração trouxe um elemento para que pudéssemos compreender o que foi apresentado nos últimos subtítulos, a saber, a polva tinha duas faces: a face sereia, com a qual ele se identificava, e uma face traiçoeira e desonesta, que o vinha decepcionando e fazendo com que ele não mais quisesse aliança com a mãe. O que, sem dúvida alguma, o jogava para o lado do pai, gerando nele uma expectativa de um *happy end* para a sua história pessoal, tanto é que, quando eu comparei o príncipe Eric com o seu pai, ele exclamou, subitamente: "O pai vai salvar a pequena sereia!"

A: "Que bom que você está descobrindo isso... que você pode contar com a força de homem do seu pai, para juntar com a sua força de homem, para ajudar a enfrentar as mulheres que você acha tão perigosas... a sua mãe... eu..."

B., animadamente, completou as minhas palavras, citando o nome de mais quatro tias.

Foi até a sala de espera, mostrou rapidamente a história para a mãe, voltou e, enrolando-a como um papiro, depositou-a solenemente em sua caixa.

A: "Aí está toda a sua verdade... a sua esperança de ser salvo pelo seu pai!"

Em outra sessão, ele chegou a fazer um ensaio tímido de que poderia algum dia ser um pai. Resolveu que precisávamos arrumar os personagens, fazendo remendos e ataduras, organizando uma brincadeira em que eu era uma costureira. Selecionou alguns personagens femininos e disse que eram suas filhas. Dirigia-se a mim como se fosse um senhor fazendo inúmeras perguntas sobre a minha vida particular e sussurrando baixinho o que eu deveria responder. Então eu lhe perguntei: "Qual o nome do senhor?". Ele vacilou e respondeu: "Senhor Nada!". Assustada com o impacto da resposta, eu nem consegui dar prosseguimento ao diálogo, mudando de curso.

A: "Depois de tantas perguntas, o senhor já sabe que tenho uma filha, e eu já sei que o senhor tem cinco filhas".

B.: "Eu sou a mãe delas..."

A: "A mãe? Ah..."

B.: "Não! Sou o pai, a mãe delas morreu".

A: "Morreu? Como foi isso?"

B.: "Eu casei com ela e, no dia do casamento, um homem matou ela!"

A: "E as filhas?"

B.: "Eu comprei todas!"

No jogo de faz de conta, ele tentou me jogar contra a minha filha, uma insubordinada, a quem eu deveria castigar. As filhas dele que ousaram fazer bagunça ou não o obedecer foram picadas a tesouradas – demonstração de que a punição para o filho que ousasse ter vontade própria era a de ser literalmente destruído. Passou o resto da sessão fazendo o casamento de uma de suas filhas com aquele homem alto que ele experimentara ser pouco tempo antes.

No dia seguinte, a mãe me disse por telefone que levara B. para fazer uma avaliação com outro psicanalista e que queria vir conversar comigo no horário dele, mas eu marquei um outro horário para conversarmos. B., na sala de espera, anunciou: "Eu fui na outra terapia!". Entrou para a sessão, desfez rapidamente o casamento, representando o casal brigando. Pergunto porque brigaram e ele diz que foi logo depois do casamento, antes da lua de mel. Aproveito para introduzir a questão da outra terapia.

B.: "Eu não queria ir, mas a minha mãe me levou!"

A: "Num passe de mágica, ela quer promover outro casamento."

B.: "Eu fiz uma entrevista e vai aparecer na televisão e no rádio."

A: "Te disseram isto?"

B.: "Aham!"

Mudou de assunto, voltando a se preocupar com a roupa da noiva.

A: "E você está fingindo que nem está preocupado com o que quer dizer esta entrevista..."

B.: "Eu vou falar para a minha mãe que eu não quero ir mais naquele homem! E você vai ligar para ela e vai dizer: 'Ele não vai! Ele não vai! Ele não vai!'"

A: "Isso é um pacto de luta?"

B.: "É!"

A: "Combinado! Entendi! Nós vamos lutar pelo seu direito de escolher o seu terapeuta. Pela sua vontade de continuar vindo aqui!"

Nessa sessão ele assumiu todos os papéis femininos durante o casamento. Eu tive de ser o padre/cola, o noivo e também o fotógrafo. A noiva não tinha pai.

A mãe adiou por mais um dia a sua vinda para conversarmos, e assim eu tive mais uma sessão com B. A sessão foi bem caótica, pois ele estava muito angustiado com o risco que o nosso processo analítico estava sofrendo. Mexeu em todos os papéis, rabiscou a mesa, riscou as minhas mãos, colando-as no banco e marcando com "ferro e fogo" – como se fossem de sua propriedade. Fez muita molhadeira na sala. Mostrei-lhe que estava com medo de que a minha conversa com a mãe dele desfizesse de vez o nosso casamento, e reafirmei o nosso pacto, garantindo-lhe que lutaria pela nossa terapia.

160 ENSAIOS EDIPIANOS: NEM PRÍNCIPE, NEM PRINCESA

Entrevista com a mãe

Ela chegou decidida, apenas me comunicando que B. iria trocar de terapeuta. Não se cansava de elogiar o outro analista, dizendo que tivera ótimas referências dele, que já tinha seu nome antes de vir aqui e que seria muito melhor para B. fazer terapia com um homem, porque ele estava precisando era de um modelo masculino. Contou que B. não queria ir lá para a avaliação, mas, como é fascinado por televisão, ela e o profissional combinaram de dizer a ele que apenas daria uma entrevista que seria gravada e passada na televisão. Ele então ficou entusiasmado e concordou em ir. Segundo a mãe, na avaliação desse profissional, B. era apenas uma criança muito insegura, que não sabia o que queria da vida; que ele não achava que havia problema de indefinição sexual, e que ele não falava isso nem de seus clientes de 17 anos. Enfim, que B. era muito imaturo e que, para resolver os sintomas de que seus pais se queixavam, iria precisar apenas de uns três meses de terapia, com uma sessão por semana.

Reclamou muito do fato de ter sempre que tomar decisões sozinha, que o marido nunca se manifestava e que por ele parariam com tudo. Portanto, como era ela quem decidia, estava apenas me comunicando que, a partir daquele dia, o filho já frequentaria a outra terapia, e que ela também iria parar imediatamente com sua análise, pois concluíra que estava só brincando de fazer terapia. Eu tentei ponderar que havia um vínculo terapêutico forte entre mim e a criança, que precisaríamos de algumas sessões para nos despedirmos e para que ele pudesse escolher o que gostaria de levar de sua caixa. Mas ela estava irredutível, dizia que criança não tinha que ter escolha alguma, tinha mais era que fazer o que a mãe queria e pronto! A sessão foi ficando tensa porque, além de a frieza dela e o desrespeito com o filho me irritarem, aquele enorme falo me castrando fez com que eu ficasse inteiramente identificada com B.

Tal movimento psíquico levou-me a fazer algumas colocações que foram pesadas demais para ela e que, além de não surtirem efeito algum, só serviram para serem distorcidas: ponderei que B. não precisava de um modelo masculino, pois tinha o pai; e que não era justo ela atacar um vínculo forte da criança e enganá-la com aquela história de que seria filmado e apareceria na televisão. Na verdade, eu tive uma reação contratransferencial forte (pela qual me culpei durante muito tempo), mas isso aconteceu por eu estar muito envolvida com B. e ter sentido muita pena de ele ter caído numa armadilha narcísica!

O sofrimento com essa decisão abrupta e autoritária, porém, não foi só meu: o pai, nas duas vezes em que o vi depois disso, estava muito abatido, com olheiras e sem energia alguma para qualquer reação, apenas dizia amém para o discurso da esposa. Chegou a comentar que estava chateado demais comigo por eu ter dito à sua esposa que ela deveria estar interessada em se relacionar com o tal psiquiatra que fizera a avaliação, pois não via nele um modelo de homem. Eu fiquei completamente surpresa com a distorção que ela havia feito das minhas palavras na última entrevista, quando eu contra-argumentei a necessidade de B. de ter um analista homem para resolver suas questões identitárias. Irritada com a atuação dessa mãe em colocar palavras na minha boca (alegando que eu havia dito que ela queria trocar o modelo de masculinidade do marido pelo do psiquiatra), eu finalmente me dei conta de que nada mais podia ser feito! A polva traiçoeira, que tanto assombrava o imaginário daquela criança, envenenou a relação terapêutica de modo inconsequente, castrando num só golpe a análise, a analista, o filho e seu pai. Seria esta a sua resposta àquela ameaça que a criança havia lhe feito, ao sair de uma de suas sessões, de que iria cortar o "pinto" dela?

A criança ficou desesperada e, nos poucos encontros que tivemos, me agrediu fisicamente, pegando, inclusive, uma tesoura e

162 ENSAIOS EDIPIANOS: NEM PRÍNCIPE, NEM PRINCESA

tentando cortar o meu cabelo de qualquer jeito! Chamava-me de "burra" e sujava minha roupa com tintas. Numa reação de vandalismo, deixou a mesa e a sala seriamente riscadas. Seu pai, ao ver aquela cena, lançou-me um olhar que eu jamais pude esquecer: um misto de culpa, tristeza e gratidão. Talvez tenha sido esse olhar terno, que me acompanhou por tantos anos, o responsável por eu ter decidido que um dia, quando tivesse distância afetiva desse caso clínico, eu o transformaria num objeto de estudo que pudesse, indiretamente, ajudar outras crianças que, como B. e seu pai, foram precocemente castradas em seus processos de subjetivação e que, por isso mesmo, vagam pela vida, como nos diz Cecília Meireles, à procura de um desenho.

6. Redesenhando possíveis aberturas teóricas

> *"O que vi, vi tão de perto,*
> *que nem sei o que vi..."*
>
> Clarice Lispector, *Felicidade clandestina*[1]

O tempo acabou por desmanchar o aborrecimento que senti naquela época em que houve o rompimento brusco... Afinal, nem sempre temos a gratidão dos pais pelo valioso trabalho de parceria no acompanhamento da constituição psíquica da criança –principalmente quando a análise reabre algumas feridas narcísicas. As poucas notícias que tive do desenlace daquela trama familiar fizeram-me pensar que aquela criança seguiu sua vida sob o jugo da mãe, pois frequentou apenas por um breve tempo aquele outro tratamento. Às vezes, me lembrava dele e o imaginava um jovem adulto, mais retraído, desenvolvendo atividades gráficas em algum escritório. Não o via como um *designer* de moda, o que muito combinaria com suas fantasias infantis. Também não o via assumindo uma identidade homossexual, conforme o material clínico parecia

---

1 Lispector, 1998, p. 110.

164 REDESENHANDO POSSÍVEIS ABERTURAS TEÓRICAS

sugerir. Talvez eu tenha mesmo ficado marcada pela impressão de que um destino repressor o aguardava. Ele com poucos amigos, com dificuldade para iniciar sua vida sexual, quem sabe dando conta de namorar alguma menina autoritária. Ou seja, eu só conseguia vê-lo preso na teia da mãe/aranha e, confesso, ficava intrigada, curiosa para saber o que ele faria com todo aquele fascínio que tinha pela imagem da mulher superproduzida. Mas essas conjecturas se dissipavam... e eu me resignava com a ideia de que, como em tantas outras análises, eu jamais saberia o rumo que o futuro daria para muitas daquelas questões profundamente trabalhadas. E quase sempre minhas divagações se encerravam com a perplexidade das palavras de Clarice Lispector, epígrafe deste capítulo: "O que vi, vi tão de perto, que nem sei o que vi..."

Prossegui, por mais de vinte anos, atendendo crianças bem pequenas, com as mais variadas sintomatologias, inclusive com questões de identidade sexual como aquelas apresentadas por B. Se julgava o assunto encerrado, estava enganada, pois me peguei completamente envolvida com as questões apresentadas por Silvia Bleichmar em seus seminários sobre "A sexualidade infantil: de Hans a John/Joan". Nessa mesma época, o meu interesse pelo tema foi acrescido por uma experiência *sui generis*: num evento social, tive a oportunidade de passar um bom tempo conversando com uma mulher que me pareceu encantadora, tanto pela sua simpatia quanto pela forma como discorria sobre os assuntos mais variados e interessantes. Apesar de termos trocado o número de nossos telefones, não mais nos vimos. Meses depois, fui procurada em meu consultório por um homem de meia-idade, muito bem-sucedido profissionalmente, que tinha uma parceira constante, por quem nutria amor e admiração. Quando já estava bem à vontade no *setting* analítico, contou-me que nós já nos conhecíamos havia muito tempo: afinal, ele era aquela mulher com quem eu havia conversado, por tanto tempo, naquele evento social, numa cidade distante. Enquanto me recuperava do impacto da revelação, ele falava do enorme prazer que havia sentido em ter partilhado comigo, naquela ocasião, vários assuntos que só as mulheres conversavam... enfim, tentava me contar como tinha sido importante para ele ter sido enxergado como mulher. Este havia sido o determinante para que pudesse se decidir a, finalmente, fazer uma análise: encontrara uma analista/mulher que o enxergara como mulher! No momento, custou-me crer no que ouvia, e me lembrava, estupefata, da perfeição de sua aparência: a maquiagem, o cabelo escovado, a saia, os sapatos de salto alto... a suavidade dos traços fisionômicos e a doçura da voz. Segundo ele, aquela produção era resultante daquilo que lhe dava mais prazer na vida: fazer a "montagem" do seu personagem mulher – o que só se permitia em cidades diferentes daquela em que residia. Não gostava de nada do vestuário masculino, achava tudo feio e sem graça, e ficava ansioso pela oportunidade de usar as peças do seu guarda-roupa secreto. A mãe de nada sabia, mas sua namorada até o ajudava nas compras, aceitação que se estendia mesmo ao momento do sexo, quando ele precisava colocar uma *lingerie* feminina para ter prazer. Nunca sentira atração física por homens, mas gostava dos olhares que recebia quando estava "montada" e eles julgavam que viam uma mulher.

Esse paciente ficou em análise por mais de um ano, período em que pude observar, com tranquilidade, o seu funcionamento psíquico: ele transitava de maneira preponderante na posição depressiva (nos moldes da metapsicologia kleiniana): tinha um Eu bem organizado, respeitava a alteridade, tinha uma preocupação enorme com a felicidade e com o bem-estar das pessoas que amava, seu superego não era nem severo demais e nem frouxo – o que lhe permitia um exercício profissional estável e de sucesso. Enfim, eu não via nesse paciente nenhum traço perverso ou algo que pudesse evidenciar uma estrutura psíquica diferente da neurose. Ele sabia ser um homem, sentia atração por mulheres, mas jamais se desprendera do fascínio que os adereços femininos lhe causavam desde a infância. Quando relatou seu desejo de usar um enorme laço cor-de-rosa na cabeça já no jardim de infância, dei-me conta de que estava diante de um adulto que podia muito bem ter sido uma criança com um mundo fantasmático parecido com o de B. Tive, então, interesse em revisitar todas as anotações que havia deixado guardadas, e também os desenhos produzidos por aquela criança. Foi quando encontrei um "retrato" feito por B., dele próprio, e que poderia representar um *flash* da construção identitária de ambos: Figura 6.1, "A abelha". Nesse desenho, podemos observar como o ego corporal parece estar definido pelo lápis de cera azul-marinho, sendo que o resto (o vestido e a maquiagem) está apenas sobreposto. Como dizia Bleichmar, nesses casos, não faltariam os indefectíveis longos cílios, alusão a um olhar sedutor. Entretanto, enquanto um lado do corpo estava representado de modo completo, ao outro lado faltavam o braço e o pé. Justaposta a essa lacuna estava uma enorme bolsa, qual um casulo, com uma flor dentro. Seriam elas marca de feminilidade exacerbada e, como tal, uma compensação à incompletude?

Figura 6.1 A abelha.

Foi a partir do momento em que me dei conta de que as minhas conclusões giravam em torno desse *flash* da Figura 6.1 e em que passei a considerar o retrato da construção da identidade sexual de B.

168 REDESENHANDO POSSÍVEIS ABERTURAS TEÓRICAS

na vida adulta que cheguei à leitura tanto do site do *Brazilian Crossdresser Club* quanto da tese (de doutorado) de Eliane Kogut, "*Crossdressing* masculino: uma visão psicanalítica da sexualidade *crossdresser*".[2] Na abertura do site, o visitante depara com uma frase bem impactante: "Existimos pelo prazer de ser mulher", seguida pela descrição de várias rotinas cotidianas da mulher, altamente idealizadas como prazerosas: ir ao supermercado, fazer as unhas, olhar vitrines, planejar a combinação de roupas e calçados, dentre tantas outras de igual quilate (e que mais se parecem com estereótipo de sonho de uma dona de casa dos anos 1950). Esse alto nível de idealização das mulheres (consideradas "doces e gentis") e também de suas atividades "maravilhosas" lembra o que Abraham dizia já em 1910, ou seja, que o peso da angústia de castração poderia, perfeitamente, levar o menino a uma fuga, criando uma mulher fálica, imaginária, com a qual seria possível se identificar (Kogut, 2006).

Chama muito a atenção, em todo o site, o fato de as mulheres serem descritas como verdadeiras princesas, vivendo numa realidade em que não há angústia, tensão ou sofrimento. Descrição que nos lembra um movimento muito primitivo de cisão e que Klein descreve com as seguintes palavras:

> *Na investigação dos processos arcaicos de cisão, é essencial diferenciar entre um objeto bom e um objeto idealizado, embora essa distinção não possa ser nitidamente traçada. Uma cisão muito profunda entre os dois aspectos do objeto indica que não são o objeto bom e o objeto mau*

---

2 Kogut acompanhou em seu estudo a trajetória de vida de quase trinta *crossdressers*, por meio de questionários, correspondências e atendimentos clínicos. Teve, também, oportunidade de frequentar os eventos sociais em que se reúnem em hotéis, fazendo, durante vários dias, uma imersão no seu lado "princesa", acompanhados pelas esposas e, às vezes, até pelos filhos.

que estão sendo mantidos separados, mas sim um objeto idealizado e um objeto extremamente mau. Uma divisão tão profunda e nítida revela que os impulsos destrutivos, inveja e ansiedade persecutória são muito intensos e que a idealização serve principalmente como defesa contra essas emoções (Klein, 1957, p. 224).

Mas, se podemos identificar esse objeto idealizado como a mulher glamourosa[3] fantasiada pelos *crossdressers*, sobre qual figura iria pairar a projeção do objeto extremamente mau? Ao que tudo indica, ele será projetado no lado "sapo" dessas pessoas – expressão utilizada para se referirem ao seu lado masculino, considerado feio e desinteressante.[4] Entretanto, curiosamente, jamais querem abrir mão desse lado do psiquismo, pois, mesmo quando se deparam com a oportunidade de fazer uma escolha e viver só o seu lado feminino, os *crossdressers* não o fazem – opção consoante com o grande prazer com que vivem essa identificação dupla: sendo, a um só tempo, homem e mulher. Ou seja, como os transexuais, o fenômeno *crossdresser* obedece a uma lógica binária de identificação sexual.

Uma brincadeira que se repetiu bastante ao final da análise de B., nos dias em que ficava irritadiço, dava expressão à sua fantasia de que, quando crescesse, iria fabricar um *minigame* muito difícil, que se chamaria Mônica contra o Capitão Feio. Essa boneca grandona, valente e masculinizada havia sido a única com que seu pai lhe permitira brincar por uns dias, antes que fosse dada de presente a uma menina que

---

3   Vale observar que os *crossdressers* fazem questão de preservar o *glamour* da mulher. Para tanto, se esmeram na perfeição da aparência feminina, com o uso de peças de fino gosto, fazendo, inclusive, questão de ser completamente diferenciados das travestis, cujo estereótipo é altamente vinculado à prostituição.

4   O título escolhido para este volume é uma alusão aos codinomes "sapo" e "princesa" utilizados em todos os clubes de *crossdressers* para se referirem aos diferentes momentos em que vivem a identidade masculina ou a feminina.

iria fazer aniversário. A capa do *minigame* desenhada por ele ilustra muito bem o incômodo do *crossdresser* com o seu lado masculino, que pode até tirar o *glamour* de uma montagem de princesa.

Figura 6.2 Mônica contra o Capitão Feio.

Entretanto, o mais intrigante é que a falta de integração egoica do *crossdresser* (que o leva a cuidar mal do seu lado "sapo") cria um estado ilusório que vai permitir que o olhar de homem que possui deseje e cobice a mulher "montada" em que ele pode se transformar. Ou seja, a escuta do erotismo *crossdresser* permite-nos observar que existe um desejo narcísico voltado sobre si mesmo – o que bem lembra os delírios de Schreber: "pudera eu ser uma mulher sendo possuída!" (afinal, a imposição de Deus era de que Schreber se visse como homem e mulher numa só pessoa, consumando o coito consigo mesmo). A presença dessa fantasia é o que leva muitos *crossdressers* a se definirem como lésbicas, pois, durante o ato sexual, apesar da forte atração pela mulher, precisam, também, se imaginarem como mulher. Esse grande prazer em se ver confirmado na incorporação de uma imagem de mulher acaba por delinear uma grande diferença em relação às travestis, uma vez que, para o *crossdresser*, o olhar dos homens só lhes interessa para essa confirmação, pois, na verdade, julgam-nos desinteressantes e não têm atração alguma por nenhum dos seus atributos.

> *Assim, os crossdressers não relatam prazer pelo contato com os atributos masculinos propriamente ditos, ao contrário, em geral se incomodam com a barba, os músculos, o cheiro, etc. Não indicam sentir paixão ou se entregar sexualmente aos atributos masculinos, enfim, não narram admirar os homens, ao contrário, sua visão sobre o masculino é, de modo geral, negativa em muitos aspectos (Kogut, 2006, p. 112).*

Na verdade, o ato de vestir-se de mulher acaba criando o seguinte quadro: um paroxismo (na exaltação máxima da sensação de ser mulher), seguido de um estado de relaxamento e acalmia. Teria esse guarda-roupa secreto do *crossdresser* a função de uma segunda pele,

172 REDESENHANDO POSSÍVEIS ABERTURAS TEÓRICAS

a que se colam como uma forma de identificação adesiva? De acordo com Esther Bick (1968), o uso dessa defesa se faz necessário para compensar a função defeituosa do continente nos primórdios da vida. Continente que é sentido pelo bebê, concretamente, como uma pele, que mantém unidas as partes do seu psiquismo. Acreditamos que é mais provável que o *frisson* em se "montar" como mulher responda muito mais a essa experiência primitiva de desamparo, provocada por ansiedades catastróficas (de estar desmoronando e se esvaziando), do que a uma montagem de um teatro erótico, nos moldes descritos por Joyce McDougall, como uma forma de defesa diante de uma angústia de castração esmagadora. Seja como for, nada impede que o *crossdressing* seja o efeito de uma conjugação de muitas demandas psíquicas, inclusive dessas duas que acabamos de citar: a de uma segunda pele, associada com uma montagem de um teatro erótico.

O que importa mesmo é deixar registrado que, nos depoimentos dos *crossdressers*, eles fazem questão de assinalar que, apesar de o desejo de usar roupas femininas ter começado muito cedo na vida deles (geralmente entre os 3 e 7 anos), não é a roupa em si que os excita, e sim o fato de estarem no papel de mulheres – aliás, esta é a marca que apontam como a grande diferença em relação às travestis fetichistas.

Embora cientes de que estamos caminhando em searas neuróticas, temos de reconhecer que o psiquismo *crossdresser* opera de modo preponderante na posição esquizoparanoide, fortemente marcada pela cisão, pela idealização e, também, pela relação de objeto parcial. Tanto é assim que Kogut observou que "o outro não é importante como corpo inteiro ou como pessoa, mas como espelho ou marionete que completa o cenário do qual a mulher que o *crossdresser* encarna é o personagem central" (Kogut, 2006, p. 112). Entretanto, há que se fazer uma ressalva: o nível de persecutoriedade é infinitamente menor do que se poderia esperar do ponto de vista teórico da metapsicologia kleiniana. Eles não são desconfiados

CASSANDRA PEREIRA FRANÇA 173

em relação ao objeto externo e nem perseguidos internamente.

E esse é um ponto que considero fantástico: o movimento de torção que levou o terror ao feminino, vivenciado intensamente nas fantasias primitivas da infância, a ser plenamente amortecido frente ao fascínio pelo feminino.

A partir deste ponto, gostaria que você, leitor, produzisse seu próprio esboço e redesenhasse as possíveis aberturas teóricas que materiais clínicos como este demandam. De minha parte, espero não esmorecer diante das pictografias com que representarei, de tempos em tempos, as propostas teóricas que me parecerem necessárias para entendermos, de uma vez por todas, que, como nos dizia Silvia Bleichmar: "a identidade não é o resultado de uma forma evolutiva no aparelho psíquico, mas sim o efeito de uma recomposição das relações de gênero, escolha de objeto e desejo inconsciente"[5] (Bleichmar, 2010a, p. 41, tradução livre). Dentre os passos que precisaremos dar para seguir a proposta desta autora para organizar o pensamento psicanalítico, a fim de que ele possa acompanhar as mudanças da sexualidade nos últimos cem anos e no futuro, está a tarefa de separar o que é da ordem da "constituição psíquica" (diferenciação tópica em sistemas regido por leis e tipos de representação), e o que é da ordem da "produção da subjetividade" (modos históricos, sociais e políticos de produção de sujeitos em cada cultura). Para tal empreitada, deixo como sugestão a leitura do livro da referida autora, nos quais foram reunidos textos em que ela apresentou uma avaliação crítica dos grandes paradigmas da teoria psicanalítica: *El desmantelamiento de la subjetividad: estallido del Yo* [O desmantelamento da subjetividade: a fragmentação do Eu] e *La subjetividad en riesgo* [A subjetividade em risco].

---

5   "La identidad no es el resultado de una forma evolutiva en el aparato psíquico sino el efecto de una recomposición de las relaciones de género, elección de objeto y deseo inconsciente."

174 REDESENHANDO POSSÍVEIS ABERTURAS TEÓRICAS

Sabemos que a complexidade da temática da construção da identidade de gênero ainda está se desemaranhando dos rastros deixados por Freud em *Três Ensaios* (1905), onde deu a entender, no capítulo "A metamorfose na puberdade", que a identidade sexual se articulava com a eleição de objeto, enlaçando, de modo contraditório, heterossexualidade, identidade e superego. O devir da clínica psicanalítica tratou de desmanchar essa associação, mostrando que a presença de um superego bem estruturado nos mais distintos aparatos psíquicos era completamente independente das eleições homo ou heterossexuais das pessoas. Mesmo assim, no campo teórico/clínico, esse postulado freudiano desencadeou consequências nefastas durante muito tempo: quer seja deixando margem para que algumas correntes teóricas vinculassem a perversão adulta aos transtornos de gênero e à eleição homossexual de objeto, quer, ainda, deixando-nos despreparados para acompanhar as mais variadas demandas clínicas como aquelas de pacientes em processos de redesignação sexual. Esse avanço lento nas pesquisas psicanalíticas, de modo a poder acompanhar as novas formas de subjetividade, foi explicitamente denunciada por Bleichmar, ao dizer que

> *A psicanálise tem insistido, de maneira pouco feliz, em sustentar a identidade sexual como desenlace da escolha de objeto – sem considerar que a atribuição identitária é anterior a todo reconhecimento da diferença anatômica, ressignificada por esta* a posteriori[6] *(Bleichmar, 2006, p. 109, tradução livre).*

A precocidade da percepção da identidade de gênero pode ser atestada tanto na literatura, com os inúmeros casos clínicos

---

6 "El psicoanálisis ha insistido, de manera poco feliz, en sostener la identidad sexual como desenlace de la elección de objeto – sin considerar que la atribución identitária es anterior a todo reconocimiento de la diferencia anatómica, resignificada por ésta *a posteriori*."

estudados, entre outros, por Stoller (1982, 1993), Graña (1996) e Bleichmar (2006), quanto pela observação clínica, pelos relatos de pacientes e familiares que apontam o terceiro ano de vida dos meninos como a época em que a identidade de gênero parece estar visivelmente configurada. Observação que permite constatar as conclusões a que chegou Silvia Bleichmar:

> *A identidade de gênero coexiste com o polimorfismo perverso dos primeiros tempos da vida nas propostas identitárias que a criança recebe, e depois, quando aparecem as primeiras formas precipitadas do Eu como modo de constituição do mesmo, e se ressignifica a partir do descobrimento da diferença anatômica, encontrando sua rearticulação na rede que constitui, por um lado, a sexualidade ampliada, e, por outro, a sexuação e o gênero, ao final da puberdade[7] (Bleichmar, 2010a, p. 40, tradução livre).*

Mas, retomando a especificidade do caso que acompanhamos neste livro e levando em conta que a impregnação de elementos maternos no psiquismo dessa criança era a fonte principal de suas angústias, pois interditava, completamente, sua construção identitária, gostaria de acrescentar que ainda hoje tendo a acreditar que a fascinação narcisista de B. pelo corpo feminino denunciava, exatamente, muito mais o fracasso de uma identificação do que a sua instalação.

---

7   "La identidad de género coexiste con el polimorfismo perverso de los primeros tiempos de la vida en las propuestas identitarias que el niño recibe, y luego, cuando aparecen las primeras formas precipitadas del yo como modo de constitución del mismo, y se resignifica a partir del descubrimiento de la diferencia anatómica encontrando su rearticulación en el entramado que constituye por parte la sexualidad ampliada, y por otra la sexuación y el género, ao final de la pubertad."

176 REDESENHANDO POSSÍVEIS ABERTURAS TEÓRICAS

Fracasso que demandava a envoltura da roupagem materna em uma função de segunda pele. Nesse sentido, de tudo aquilo que encontrei na literatura, duas produções se aproximaram bastante dessa compreensão, apresentando, inclusive, vários pontos em comum – fato que me leva a recomendar sua leitura: "The mother contribution to boyhood transexualism" ["A contribuição da mãe para o transsexualismo do menino"], escrito por Stoller, publicado no livro *Sex and Gender: the development of masculinity and femininith* [*Sexo e gênero: o desenvolvimento da masculinidade e da feminilidade*] (1984);[8] e "Transtornos precoces en la constitución de la identidad sexual" ["Transtornos precoces na constituição da identidade sexual"], de Silvia Bleichmar, publicado no livro *Paradojas de la sexualidad masculina* [*Paradoxos da sexualidade masculina*] (2006).

No capítulo citado do livro de Stoller, é apresentado um estudo de caso muito interessante de uma mulher que, filha de mãe negligente e vazia, possuía um sentimento de ausência de gênero. A análise dessa paciente evidenciou que a cura do vazio que nela habitava ocorreu quando seu bebê (Lance) nasceu e ela passou a ser "viciada" nele, não permitindo que o processo natural de separação entre mãe e filho acontecesse. Ela usava o bebê (como se fora um objeto transicional), para restaurar sua tranquilidade e, paradoxalmente, impedir que ele se separasse de sua própria mãe. O atendimento clínico, em paralelo, de mãe e filho permitiu que fosse observado que eles, de fato, tiveram um excessivo compartilhamento, por identificação, das anatomias de seus corpos. O *crossdressing* do menino teve início a partir de um ano de idade, e as identidades fusionadas pareciam ser reflexo de um processo de *imprinting* das necessidades inconscien-

---

8   Este capítulo foi publicado, com algumas alterações, no artigo "The mother's contribution to infantile transvestic behavior", ["A contribuição da mãe para o comportamento de travestismo infantil, em 1966, no *International Journal of Psychoanalysis*, 47, pp. 384-395.

tes da mãe com relação a essa criança, realizado com empenho desmedido, a ponto de impedir que o *infant* pudesse ter se defendido dos movimentos intrusivos em seu psiquismo. Tal processo acabou por instalar no psiquismo do filho uma necessidade compulsiva de vestir-se com a "pele" da mãe para tentar recuperar a sensualidade primitiva do contato entre eles. Stoller conclui que essa criança foi usada como um objeto transicional em dois sentidos: em primeiro lugar, ela era uma parte do corpo da mãe, suspenso em transição, em um sentido winnicottiano, ele atravessava a incompleta separação entre ela mesma e sua própria mãe.

No capítulo escrito por Bleichmar, "Transtornos precoces en la constitución de la identidad sexual", há a apresentação de dois casos clínicos supervisionados por Bleichmar (Ramiro e Luciano) que ilustram como "a identificação primária não consegue se instalar metabolicamente e requer a superfície do corpo para constituir um limite"[9] (Bleichmar 2006, p. 189, tradução livre). Ramiro julga que engolfar-se no interior feminino (pelo travestismo) sem renunciar ao pênis, é um modo de proteger-se de um risco de desestruturação; ao mesmo tempo em que, para Luciano, o corpo feminino é o lugar da beleza e do valor fálico, e o pênis é visto apenas como um obstáculo para se ter acesso a esse corpo.

> *Se há um aspecto ilustrativo nesses casos que estamos apresentando, é a maneira em que o desejo de ser mulher expresso por um menino não tem, a princípio, sua origem no desejo sexual pelo homem, nem é efeito do desenlace de uma escolha genital antecedida pelo sepultamento do complexo de Édipo ou pelas consequências da angústia de castração. É a fascinação narcisista pelo corpo feminino – o*

---

9 "La identificación primaria no logra instalarse metabólicamente y requiere la superfície del cuerpo para constituir um limite."

178 REDESENHANDO POSSÍVEIS ABERTURAS TEÓRICAS

*qual não se pretende possuir desde sua posição masculi-
na, mas no qual o menino precisa envolver-se, ter como
próprio – o que pode pode levar até a renúncia da anatomia viril com o objetivo de se tornar, com todo o corpo, o
objeto de totalização narcisista (Bleichmar, 2006, p. 189).*

Enfim, para redesenhar novas aberturas teóricas para esse assunto que estamos tratando, sugiro ao leitor que inclua em suas
revisões de literatura um estudo minucioso dos escritos de Silvia
Bleichmar (listados nas referências), que abrem interrogantes fundamentais acerca de alguns enunciados para se pensar a sexualidade em psicanálise. Dentre eles, gostaria de destacar uma coletâ-
nea de seminários da autora, reunidos no livro *Las teorias sexuales
en psicoanálisis: que permanece de ellas en la práctica actual* [*As
teorias sexuais em psicanálise: o que delas permanece na prática
atual*], principalmente os seguintes capítulos: "Amor y erotismo,
narcisismo y autoestima. Autoconservación y autopreservación"
["Amor e erotismo, narcisismo e autoestima. Autoconservação e
autopreservação"]; "Transexualismo e intergénero"; "Los modelos
constitutivos de la sexualidad masculina" ["Os modelos constitutivos da sexualidade masculina"]. Partindo das transformações na
subjetividade ocorridas nos últimos 30 ou 40 anos, Bleichmar nos
convoca a revisitar e questionar a rigidez de alguns conceitos
psicanalíticos, fazendo, assim, um inventário do que caducou
após um século de psicanálise e do que segue vigente a respeito
dos ordenadores do funcionamento psíquico. Reconhecendo a
pertinência dos questionamentos das teorias de gênero às teorias falocêntricas da castração na psicanálise, Bleichmar reforça
seu posicionamento teórico, em um capítulo muito precioso para
o tema que ora estudamos ("Los modelos constitutivos de la sexualidad masculina"), através de duas postulações basais que apontam
veios fecundos para que o debate prossiga.

CASSANDRA PEREIRA FRANÇA 179

A primeira postulação é a de que, apesar de o autoerotismo seguir os trilhos (os caminhos) do paragenital, ele não é simplesmente um componente de uma síntese do genital – conforme à ideia teleológica de Freud de que ao final tudo se junta na genitalidade. A marcação rigorosa desse equívoco freudiano, acompanhado da observação de que é preciso valorizar bastante o que Freud ressaltou na metapsicologia, qual seja, o fato de que as repressões se realizam por autoestima egoica, apontam a necessidade de estudarmos mais os avatares da clara correlação existente entre autoerotismo e autoestima na construção da identidade sexual.[10]

A segunda postulação ressalta que é fundamental que reconheçamos que a identidade de gênero antecede ao modo em que se define a sexuação e a diferença anatômica, e que também "é anterior à eleição de objeto, e a eleição de objeto pode ser alterada a partir dos modos da identidade ou vice-versa" (Bleichmar, 2014, p. 255). Partindo desse pressuposto, ela conclui que:

> *Reduzir as questões do travestismo infantil e do transexualismo à castração é diluir o descobrimento fundamental da psicanálise: o fato de que a identidade se constitui como um articulador defensivo antes de que a significação da diferença se instale no sujeito psíquico. É também perder de vista que o corpo da mãe, antes de ser corpo "sem pênis", é receptáculo, continente, espaço habitável*

---

10 Silvia Bleichmar nos esclarece o sentido que dá à expressão "identidade sexual": "La identidad sexual se sostiene en los rasgos de género, pero se articula con la sexuación, es decir, con el modo como estos rasgos forman parte del imaginario con el cual se resuelve el posicionamiento ante la sexuación, entendida en función de la diferencia anatómica" ["A identidade sexual se sustenta nos traços de gênero, porém se articula com a sexuação, quer dizer, com o modo como esses traços formam parte do imaginário com o qual se resolve o posicionamento ante a sexuação, entendida em função da diferença anatômica"] (Bleichmar, 2006, p. 111).

180 REDESENHANDO POSSÍVEIS ABERTURAS TEÓRICAS

> *e habitado, cuja pele simbólica define as condições de toda identificação possível. Entre essas primeiras identificações prévias à diferença – momento da identificação originária e da teorização fantasmática do enigma que se amarra à diferença anatômica dos sexos –, o gênero proposto explode em sua possibilidade articulatória do eu, em seu caráter de enunciado nuclear a respeito de si mesmo, ficando, dessa maneira, aberto às formas com as quais a escolha sexual propriamente dita – ou seja, genital – encontrará um caminho (Bleichmar, 2006, p. 203).*

Neste momento, julgo que posso me dar por satisfeita se acaso o leitor tiver se alinhado com a grandeza do desafio que aguarda a clínica psicanalítica: o de reconhecer que o clássico modelo edipiano não responde mais por muitas construções identitárias. O Édipo não é a chave de leitura *princeps* para a gênese da identidade de gênero. A psicanálise precisa reconhecer quanto ainda está despreparada para alavancar uma discussão teórica sobre esse assunto, com a mesma envergadura que o faz em vários outros campos do saber. Dentre os obstáculos a vencer, encontra-se o fortalecimento do estudo sobre dois conceitos ainda muito frágeis no *corpus* teórico psicanalítico: o conceito de narcisismo e o de identificação. Somente após esses desenvolvimentos será possível desfazer a espessa cortina de fumaça que encobre as angústias envoltas nas questões de identidade sexual. Enquanto esse dia não chega, a psicanálise, como ciência que sempre esteve às voltas com o que há de mais primitivo na constituição psíquica, e que se ocupa com a intensidade do sofrimento psíquico, quer seja da criança ou dos pais que atravessam as mudanças culturais do século XXI, continuará urdindo os fios na sua roca de fiar... afinal, "toda dor pode ser suportada se sobre ela puder ser contada uma história" (Arendt, 1999).

Referências

André, J. (1996). *As origens femininas da sexualidade*. Rio de Janeiro: Jorge Zahar.

André, J. (2014). *La sexualidad masculina*. Buenos Aires: Nueva Vision.

Anzieu, D. (1989). *O eu-pele*. São Paulo: Casa do Psicólogo.

Arán, M. & Peixoto Júnior, C. A. (2007). Subversões do desejo: sobre gênero e subjetividade em Judith Butler. *Cadernos Pagu*, (28), 129-147.

Arendt, H. (1999). *Eichmann em Jerusalém: um relato sobre a banalidade do mal*. São Paulo: Companhia das Letras.

Baranger, W. (1981). *Posição e objeto na obra de Melanie Klein*. Porto Alegre: Artes Médicas.

Barros, M. (2003). *Memórias inventadas: a infância*. São Paulo: Planeta.

182 REFERÊNCIAS

Bick, E. (1968). The experience of the skin in early object relations. *International Journal of Psychoanalysis, 49*(2), 484-486.

Bion, W. (1967). *Second thoughts*: selected papers on Psycho-Analysis. London: Heinemann.

Bleichmar, S. (1993). Paradoxos da constituição sexual masculina. In *Nas origens do sujeito psíquico: do mito à história* (pp. 185-195). Porto Alegre: Artes Médicas.

Bleichmar, S. (1994). Do discurso parental à especificidade sintomática na psicanálise de crianças. In A. M. S. Rosenberg (Org.). *O lugar dos pais na psicanálise de crianças* (pp. 120-155). São Paulo: Escuta.

Bleichmar, S. (1994). Em relação a uma teoria traumática das neuroses. Correlações entre a estrutura edípica inicial, e a história significante. In *A fundação do inconsciente: destinos de pulsão, destinos do sujeito*. Porto Alegre: Artes Médicas.

Bleichmar, S. (2000). El transexualismo infantil, un modo restitutivo de identificación. *Actualidade psicológica, 25*(281), 2-5.

Bleichmar, S. (2005). *Clínica psicanalítica e neogênese*. São Paulo: Annablume.

Bleichmar, S. (2006). *Paradojas de la sexualidad masculina*. Buenos Aires: Paidós.

Bleichmar, S. (2010a). *El desmantelamiento de la subjetividad: estallido del Yo*. Buenos Aires: Topía Editorial.

Bleichmar, S. (2010b). *La subjetividad en riesgo*. Buenos Aires: Topía Editorial.

Bleichmar, S. (2014). *Las teorias sexuales em psicoanálisis: qué permanece de ellas en la práctica actual*. Buenos Aires: Paidós.

Bowlby, J. (1990). *Apego*. São Paulo: Martins Fontes.

Brandão, J. S. (1987). *Mitologia grega*, v. 1. Petrópolis: Vozes.

Butler, J. (1996). Sexual inversion. In S. Hekman. *Feminist interpretation of Michel Foucault*. University Park: Pennsylvania State Univ. Press.

Butler, J. (2008). Inversões sexuais. In I. C. F. Passos (Org.). *Poder, normalização e violência: incursões foucaultianas para a atualidade* (pp. 91-108). Belo Horizonte: Autêntica Editora.

Ceccarelli, P. R. (2003). Transexualismo e caminhos da pulsão. *Reverso*, *50*, 37-49. Revista do Círculo Psicanalítico de Minas Gerais.

Cintra, E. M. U. (2003). As funções anti-traumáticas do objeto materno primário: holding, continência e rêverie. *Tempo Psicanalítico*, 35, pp. 37-55.

Civita, V. (1973). *Mitologia*, v. 3. São Paulo: Abril Cultural.

Costa, R. P. (1994). *Os 11 sexos: as múltiplas faces da sexualidade humana*. São Paulo: Editora Gente.

Figueiredo, L. C., & Cintra, E. M. (2004). *Melanie Klein estilo e pensamento*. São Paulo: Escuta.

França, C. P. (2001). *Ejaculação precoce e disfunção erétil: uma abordagem psicanalítica*. São Paulo: Casa do Psicólogo.

França, C. P. (2005). *Disfunções sexuais*. São Paulo: Casa do Psicólogo.

França, C. P. (2007). A incorporação da masculinidade. *Boletim Formação em Psicanálise*, 15(15), edição especial, 71-80. Instituto Sedes Sapientae.

184 REFERÊNCIAS

Freud, S. (1892-1899). Extrato dos documentos dirigidos a Fliess. In *SE,* v. I.

Freud, S. (1900). A interpretação dos sonhos. In *SE,* vol. III.

Freud, S. (1915[1905]). Três ensaios sobre a teoria da sexualidade. In *SE,* v. VII.

Freud, S. (1908). Moral sexual civilizada e doença nervosa moderna. In *SE,* v. X.

Freud, S. (1908). Sobre as teorias sexuais das crianças. In *SE,* v. IX.

Freud, S. (1909). Análise de uma fobia em um menino de cinco anos. In *SE,* v. X.

Freud, S. (1909[1908]). Romances familiares. In *SE,* v. IX.

Freud, S. (1910). Leonardo Da Vinci e uma lembrança de sua infância. In *SE,* vol. XI.

Freud, S. (1911). Notas psicanalíticas sobre um relato autobiográfico de um caso de paranóia (dementia paranoides). In *SE,* v. XII.

Freud, S. (1913). O tema dos três escrínios. In *SE,* v. XII.

Freud, S. (1913[1912-1913]). Totem e tabu. In *SE,* vol. XIII.

Freud, S. (1914). Sobre o narcisismo: uma introdução. In *SE,* v. XIV.

Freud, S. (1917). O tabu da virgindade. In *SE,* v. XI.

Freud, S. (1919). O estranho. In *SE,* vol. XV.

Freud, S. (1923). A organização genital infantil: uma interpolação na teoria da sexualidade. In *SE,* v. XIX.

Freud, S. (1924). A dissolução do complexo de Édipo. In *SE*, v. XIX.

Freud, S. (1925a). A negativa. In *SE*, v. XIX.

Freud, S. (1925b). Algumas conseqüências psíquicas da distinção anatômica entre os sexos. In *SE*, v. XIX.

Freud, S. (1926). Inibição, sintoma e angústia. In *SE*, v. XX.

Freud, S. (1928[1927]). Dostoiévski e o parricídio. In *SE*, v. XXI.

Freud, S. (1931). A cabeça de Medusa. In *SE*, v. XVIII.

Frignet, H. (2002). *O transexualismo*. Rio de Janeiro: Companhia de Freud.

Garcia, M. R. V., Miranda, S. G. P, Barbosa, S. C., Vicente, C. E., Pereira, R. T., Antônio, A. M. A. et al. (2010). "De sapos e princesas": a construção de uma identidade trans em um clube para *crossdressers*. *Sexualidad, Salud y Sociedad. Revista Latinoamericana*, 4, 80-104.

Graña, R. (1996). *Além do desvio sexual: teoria, clínica e cultura*. Porto Alegre: Artes Médicas.

Green, A. (1991). *O complexo de castração*. Rio de Janeiro: Imago Editora.

Guimarães Rosa, J. (1986). *Grande sertão: veredas*. 20. ed. Rio de Janeiro: Nova Fronteira.

Hans, L. (1996). *Dicionário comentado do alemão de Freud*. Rio de Janeiro: Imago Editora.

Hilst, H. (1992). *Do desejo*. Campinas: Pontes Editores.

Hinshelwood, R. D. (1992). *Dicionário do pensamento kleiniano*. Porto Alegre: Artes Médicas.

186 REFERÊNCIAS

Klein, M. (1928). Estágios iniciais do conflito edipiano. In *Amor, culpa e reparação e outros trabalhos. Obras Completas* (OC), v. I. Rio de Janeiro: Imago Editora.

Klein, M. (1932). Estágios iniciais do conflito edipiano e da formação do superego. In *A psicanálise de crianças (1921-1945)*. OC, v. 2. Rio de Janeiro: Imago.

Klein M. (1932). Os efeitos das situações de ansiedade arcaicas sobre o desenvolvimento sexual do menino. In: A psicanálise de crianças. OC, v. II, Rio de Janeiro: Imago Editora.

Klein, M. (1937). Amor, culpa e reparação. In *Amor, culpa e reparação e outros trabalhos*. OC, v. I. Rio de Janeiro: Imago Editora.

Klein, M. (1940). O luto e suas relações com os estados maníaco-depressivos. Op cit.

Klein, M. (1945). O complexo de Édipo à luz das ansiedades arcaicas. Op cit.

Klein, M. (1946). Notas sobre alguns mecanismos esquizóides. In *Inveja e gratidão e outros trabalhos (1946-1963)*. Rio de Janeiro: Imago Editora.

Klein, M. (1957). Inveja e gratidão. In *Inveja e gratidão e outros trabalhos (1946-1963)*. Rio de Janeiro: Imago Editora.

Knudsen, P. P. P. S. (2007). *Gênero, psicanálise e Judith Butler – do transexualismo à política*. Tese de doutorado, Instituto de Psicologia, Universidade de São Paulo, SP, Brasil.

Kogut, E. C. (2006). Crossdressing *masculino: uma visão psicanalítica da sexualidade* crossdresser. Tese de doutorado em psicologia clínica, Pontifícia Universidade Católica de São Paulo, SP, Brasil.

Kury, M. G. (1992). *Dicionário de mitologia grega e romana*. Rio de Janeiro: Jorge Zahar.

Lacan, J. (1936). O estádio do espelho como formador da função do Eu [Je]. *Escritos*. Paris: Le Seuil.

Laplanche, J. (1988). *Problemáticas II: castração, simbolizações*. São Paulo: Martins Fontes.

Laplanche, J. M., & Pontalis J. B. (1988). *Fantasia originária, fantasia das origens, origens da fantasia*. Rio de Janeiro: Jorge Zahar.

Laplanche, J. M., & Pontalis J. B. (2001). *Vocabulário da Psicanálise*. São Paulo: Martins Fontes.

Lispector, C. (1998). *Felicidade clandestina*. Rio de Janeiro: Rocco.

McDougall, J. (1983). *Em defesa de uma certa anormalidade: teoria e clínica psicanalítica*. Porto Alegre: Artes Médicas.

McDougall, J. (1998). O pai morto: sobre o trauma psíquico infantil e sua relação com o distúrbio na identidade sexual e na atividade criativa. In D. Breen. *O enigma dos sexos: perspectivas psicanalíticas contemporâneas da feminilidade e da masculinidade* (pp. 239-262). Rio de Janeiro: Imago Editora.

Mezan, R. (1987). A inveja. In A. Novaes (Org.). *Os sentidos da paixão*. São Paulo: Companhia das Letras.

Mezan, R. (1995a[1988]). Desejo e inveja. In *A vingança da esfinge*. São Paulo: Editora Brasiliense.

Mezan, R. (1995b). Inveja, narcisismo e castração. In *A vingança da esfinge*. São Paulo: Editora Brasiliense.

188 REFERÊNCIAS

Millot, C. (1992). *Extrasexo: ensaio sobre o transexualismo*. São Paulo: Escuta.

Nunes, S. A. (2002). O feminino e seus destinos: maternidade, enigma e feminilidade. In: BIRMAN, J. (Org.). *Feminilidades*. Rio de Janeiro: Contracapa, 2002.

Pellegrino, H. (1987). Édipo e a paixão. In A. Novaes (Org.). *Os sentidos da paixão*. São Paulo: Companhia das Letras.

Petot, J. M. (1979). *Melanie Klein I: primeiras descobertas e primeiro sistema*. São Paulo: Perspectiva.

Petot, J. M. (1982). *Melanie Klein II: o ego e o bom objeto*. São Paulo: Perspectiva.

Ribeiro, P. C. (2000). *O problema da identificação em Freud: recalcamento da identificação feminina primária*. São Paulo: Escuta.

Rosenberg, A. M. S. (Org.). (2002). *O lugar dos pais na psicanálise de crianças*. São Paulo: Escuta.

Stoller, R. (1982). Extrema feminilidade em meninos: a criação da ilusão. In *A experiência transexual*. Rio de Janeiro: Imago Editora.

Stoller, R. (1984[1966]). The mother's contribution to boyhood transexualism. In: *Sex and gender: the development of masculinity and femininith*. Londres: Karnac.

Stoller, R. (1993). Feminilidade acentuada em meninos: uma ênfase nas mães. In *Masculinidade e feminilidade: apresentações do gênero*. Porto Alegre: Artes Médicas.

Vernant, J.-P. (1988). A morte dos olhos: figurações do outro na Grécia Antiga. Rio de Janeiro: Zahar.

Vernant, J.-P. (2001). *Entre mito e política*. São Paulo: Edusp.

Índice de figuras

Capítulo 1

Figura 1.1 A falação na minha cabeça   57

Figura 1.2 A Páscoa na minha casa   58

Figura 1.3 A minha mãe   58

Figura 1.4 O meu pai   59

Capítulo 2

Figura 2.1 A Angélica   67

Figura 2.2 O ovo   72

Figura 2.3 A tia Cassandra   78

Capítulo 3

Figura 3.1 O albinho   94

Figura 3.2 A minha mãe   110

Figura 3.3 Uma cabeça de mulher   117

192 ÍNDICE DE FIGURAS

Figura 3.4 A hora em que a mulher vira vampira — 118

Figura 3.5 A hora em que a vampira vai embora — 119

Figura 3.6 Uma família bonita e confortável — 119

Capítulo 4

Figura 4.1 A sereia vai casar — 125

Figura 4.2 A noiva com o buraco da voz — 128

Figura 4.3 A mãe/cenoura — 133

Capítulo 5

Figura 5.1 Uma mulher e um homem — 145

Figura 5.2 O sonho de Ariel — 147

Capítulo 6

Figura 6.1 A abelha — 167

Figura 6.2 Mônica contra o Capitão Feio — 170